Déguster la joie

Ellébore
ÉDITIONS

Les éditions Ellébore

BP 60001 • 75560 Paris cedex 12 • Tél. : 0891 670 008 (0,204 euro/min) • Fax : 01 40 01 09 94
E-mail : info@ellebore.fr • Sur internet : http://www.ellebore.com

Françoise Colombo

Déguster la joie

CONSTRUIRE SON BONHEUR AU QUOTIDIEN

Ellébore ÉDITIONS

à Petrus,
né pour se détruire et détruire,
qui, le premier, m'a motivée à expérimenter
la compass ion,

à Isabelle Morin-Larbey de la Fédération
nationale des enseignants de yoga,
sans laquelle ce livre n'existerait pas,

et Ajit Sarkar qui m'ont conduite sur la voie
d'une spiritualité ouverte,

à Lytta Basset, Alain Houziaux, Louis Pernot,
Hesna Cailliau dont les écrits et prédications
ont participé à m'élever,

à Frédéric Yeghicheyam,
d'une grande librairie du Forum des Halles,
qui a accompagné ce projet

et à mes élèves dont je livre
ce qui les nourrit.

Introduction

« La seule certitude que j'ai,
c'est d'être dans le doute »
(Pierre Desproges)

Pourquoi écrire ce livre ? Principalement pour deux raisons. **La première :** depuis plus de dix ans, je reçois en cours des personnes en demandes plus ou moins posées... déséquilibre... mal-être... bref, en quête d'épanouissement.

Au début, je me contentais de les guider à mieux vivre les postures de hatha-yoga. Au fil des années, ma quête personnelle m'a persuadée que la plupart avait un manque au niveau de besoins plus subtils. Je suis alors devenue une sorte de réanimatrice pour les aider à dépasser un mental qui les enferme dans un raisonnement lacunaire. Un mental qui les bloque comme face à un mur et, pour certains, qui semble les enliser...

S'ouvrir à l'irrationnel, renouer à des émotions intenses d'un autre type, retrouver des énergies visionnaires. Ne pas s'enfermer dans un monde qui a réponse à tout, mais dans un monde questionnant, ouvert sur un cosmos qui dépasse nos potentiels limités. Nos sens sont limités. Acceptons-le.

Ce livre est un plaidoyer : tout épanouissement demande une ouverture dépassant les images négatives qui dévitalisent. Parfois en fin de cours de yoga, lorsque mes élèves s'épanchent, je pose la question : « Oublions la crise, quels sont vos motivations voire vos rêves professionnel et personnel ? »

Face aux nœuds d'étranglement que la vie économique façonne, paralysant mental, enthousiasme, motivation, peu osent envisager de se poser cette question. Mon but ? Les sensibiliser à réajuster leurs prétentions en fonction de leur formation, parcours professionnel, et leur souhait essentiel côté vie privée. Redéfinir les attentes. S'autoriser l'ouverture.

Où trouver des énergies vivifiantes dans le contexte de notre vie quotidienne ?

Pas simple de dépasser le mal-être ambiant, avec tant de pressions en toutes directions... Dans l'industrie aux usines de plus en plus délocalisées, dans les sociétés de services en restructuration constante, dans les métiers techniques aux innovations constantes, aux compétences requises de plus en plus polyvalentes et aux horaires de plus en plus variables...

En sus, quand considérera-t-on comme "noble", le travail manuel des artisans (peintres, ébénistes, sculpteurs, enlumineurs, artisans d'arts multiples, restaurateurs...) ? Mon rêve ? Un prix Nobel du bel ouvrage qui redonnerait ses lettres de noblesse au compagnonnage des artisans d'art et autres bâtisseurs. Ce n'est pas mon sujet, mais tout est lié.

Au sein des familles, pas facile de dépasser les guerres intestines et les tensions latentes commencées parfois avec les générations précédentes. Où trouver les motivations pour vivre en harmonie avec soi-même et avec ses proches ?

Pas simple non plus du côté des professeurs pour apprendre aux enfants, au-delà de faire bien, à être bien afin de devenir des adultes en paix avec eux-mêmes et avec leur entourage. Comment redonner le goût des études et des formations nouvelles tout au long de la vie ?

Où trouver les clés pour motiver salariés, parents, professeurs et jeunes ? C'est ma première raison : quel souffle d'énergie pourrait les aider ? Car, je répète, tout est lié.

C'est pourquoi souvent, à la fin d'un cours, je lis juste pour susciter le dépassement de notre mental limité, une phrase "philosophico-spirituelle", même aux athées. Et, très souvent, ils me demandent de leur prêter le livre. Faisant cela, je me contente de redonner ce que j'ai reçu. Et je remercie ici Isabelle Morin-Larbey, formatrice de professeurs de yoga depuis près de trente ans et grande voyageuse, qui transmet généreusement ses enrichissements personnels.

Comme le précise Hua Hu Chang dans son livre *La véritable astrologie chinoise*, je suis coq de bois : « Le coq de bois est un être plein de compassion à l'égard des autres. »

Je n'oublierai jamais deux de mes connaissances, proches de la quarantaine, mariés à des femmes "debout", l'un cadre supérieur de banque, l'autre médecin, pères, l'un de trois enfants encore jeunes, l'autre de deux, blessés au-delà de ce qu'ils ont pu supporter... au point de se suicider.

D'autres exemples peuvent être approchés au quotidien comme ce nouvellement promu général de gendarmerie de 42 ans qui, ne supportant pas ses nouvelles responsabilités, a choisi de passer de "l'autre côté", comme cette quarantaine de policiers qui se sont suicidés l'année passée... etc.

Confrontée à ces détresses, comment ne pas être le chantre d'autres horizons ?

La seconde motivation ?

Dix ans de "sorties nocturnes" avec Cooky, notre chien, m'ont sensibilisée au "business" du Jardin des Halles au Châtelet, dans le 1er arrondissement de Paris.

Au quotidien, des jeunes sapés sport tendance, sourire décontracté, se livrent en plein centre de Paris, face à l'église Saint-Eustache, au négoce de produits euphorisants, voire planants.

Quand je vois certains de leurs "clients" tituber, soutenus par des copains qui les aident à s'éloigner d'une zone sillonnée par des patrouilles de police, je m'interroge : « Que leur apporte de se mettre dans un état... "autre" ? »

Leurs acheteurs ? Pour la majorité, des ados et de jeunes cadres au look dynamique du secteur Ouest de la capitale comme cet homme de 30-35 ans, vu un soir vers 19 h 30, look "sage", plutôt beau, costume qualité, bien coupé, cravaté, chancelant derrière un buisson, attaché-case à la main... prostré... semblant proche du malaise... Avait-il besoin d'aide ? Préférait-il rester seul ? Par peur de maladresse, je me suis abstenue...

Remontée à l'appartement, de ma cuisine, je le regardais. Il semblait scotché derrière une haie où il s'était caché. Je n'ai pas osé redescendre. Qu'avait-il absorbé ? Dans quel but... fuite ? extase ?

En moi s'est instillée l'envie irrésistible de trouver une réponse à ces questions : « Qu'apportent ces substances ? Peuvent-elles combler des manques, des désirs ? Procurer évasion, apaisement, extase ? »

Mon ambition n'est pas de traiter les problèmes de notre société mais de témoigner des voies qui m'ont menée, ainsi que certains de mes élèves et de mes proches, sur un chemin de joie, réfutant le constat du biologiste Axel Kahn : « Dans les vingt à trente années qui vont suivre, la seconde cause de mortalité sera le suicide. »

Le Yoga, mode de vie au sens le plus large, m'a conduite à la joie.

Ma pratique d'hygiène de vie intègre traces et témoignages du patrimoine spirituel de l'humanité.

D'où ce programme-dégustation à aborder en douceur au rythme de chacun, par paliers progressifs.

Première partie

Programme / dégustation

Par une pratique concrète toute simple

NOTRE ÉPOQUE EST "CHRONOPHAGE".

PAR RÉALISME JE PROPOSE DONC CE PROGRAMME DES PLUS "LÉGERS" POSSIBLE. POUR VOUS DONNER UNE CHANCE DE VOUS Y METTRE, ET POUR ÉVITER DES SOURCES DE TENSIONS NERVEUSES ÉVENTUELLES SUPPLÉMENTAIRES, J'AI OPTÉ POUR UN BIAIS DÉTENTE/LOISIRS/JEUX.

CHAPITRE I

Suggestion première : Relaxation par de petits exercices-jeux

Le bon sens dicte de commencer par **détendre le corps** pour que le mental se libère d'une pensée "linéaire". Diverses méthodes peuvent nous y conduire, la plupart issues de l'Extrême-Orient et du yoga : de Françoise Mézières et ses étirements "détonifiants" car nos corps seraient tous trop toniques, rejointe par le Rolfing et Ida Rolf, à Schultz et son training autogène (membres légers puis lourds, ou chauds puis froids), Caycedo et sa sophrologie, Feldenkrais et ses mouvements dissociés etc. dont je témoigne dans mes livres précédents *Retrouver l'énergie, et Le Yoga au quotidien*.

Quelle que soit la méthode retenue, la priorité-détente : une respiration consciente.

Qui pense à respirer profondément ?
Même certains professeurs de yoga oublient, au bout de quelques années, de respirer comme il faudrait. Moi-même, cela m'est arrivé.

Actuellement je commence toutes mes séances personnelles de yoga par vingt respirations alternées – narine gauche-expir-inspir/narine droite-expir-inspir + dix tonifications des flancs.

Un professeur de yoga de 80 ans me disait, il y a peu : « Mes plantes de pieds fourmillent... » Pense-t-elle qu'un retour de la circulation veineuse peut être aidé par la respiration consciente ?

Ma belle-fille, à 25 ans, dont les deux parents sont médecins se plaint d'une insuffisance circulatoire dans les jambes depuis ses quinze ans. Ses jambes gonflent et la gênent. Respire-t-elle lentement, profondément, voluptueusement ?

À toute personne vieillissante qui se plaint souvent d'avoir froid, je réponds : « Essayez de penser à respirer plus profondément. Vous accélérerez votre circulation sanguine et cela participera à vous réchauffer. »

La simplicité à portée de tous, est souvent oubliée...
Nous respirons mal dès l'enfance, et plus nous vieillissons, plus nous avons tendance à oublier l'importance à accorder à la souplesse et à la tonification de nos poumons et des muscles concernés. De plus, une bonne respiration permet une meilleure diffusion d'oxygène si nécessaire au cerveau...

Différents médecins spécialistes, dont le docteur Andrée Maman, présidente de la Fédération des enseignants de yoga, rappellent l'importance de l'expiration sur le système nerveux neurovégétatif et donc sur les tensions nerveuses.
Voici quelques suggestions des plus simples qui ont soulagé nombre de mes élèves :

- Quelques minutes par jour participent déjà à une détente.
- L'important est de s'y mettre.
- Comme la goutte d'eau quotidienne qui tombe sur le rocher laisse son empreinte, un petit exercice quotidien a de l'effet sur notre métabolisme général.

Accordez-vous ce break de décontraction minimum pour dénouer les tensions physiques.

L'idéal, bien sûr est d'être accompagné. Mon souhait est que vous commenciez ainsi dans le but de vous mettre "l'eau à la bouche" afin de rejoindre un cours avec le soutien d'une personne avec laquelle vous serez en harmonie.

A / Le minimum à pratiquer pour respirer voluptueusement

Le livre *Le système nerveux de l'homme*, du professeur Houdart, neurochirurgien, ancien doyen de la faculté Lariboisière – Saint-Louis, aide à mesurer l'importance de la respiration pour la santé du corps. D'après ce professeur, lorsque survient un infarctus, si on avait une pompe pour remplacer immédiatement le cœur, le cerveau continuerait à être irrigué. Pour parler simple : quatre minutes de non-irrigation du cerveau conduisent à la mort. Ceci montre l'importance d'assurer une bonne circulation du sang dans le cerveau. Une bonne circulation est favorisée par une bonne respiration.

D'après les maîtres indiens, le changement de rythme respiratoire produit indirectement une action au niveau de la moelle agissant sur un bon échange des énergies du système cérébrospinal.

On ne respire ni au passé ni au futur, on respire chaque instant, ici et maintenant.

Respirer, c'est être déjà en conscience de ses narines pour sentir la qualité de l'air qui entre et la différence de qualité de l'air qui sort.

Pour vous donner une chance de vous y mettre, je suggère uniquement **trois exercices tout simples :**

- expir par paliers (une minute),
- bourdonnement de l'abeille (trente secondes),
- gym des narines (trente secondes).

Deux minutes d'attention-respiration par jour, est-ce trop ?

1 – L'expiration par paliers

Allonger l'expiration participe à la détente du système nerveux autonome. Pour allonger l'expiration, deux "trucs" importants : respirer par le nez et expirer par paliers.

Inspirez lentement par le nez et expirez par paliers en cinq temps avec quatre courts arrêts pour ralentir l'expiration : expirez partiellement, arrêtez, expirez encore un peu, arrêt, expirez un peu, arrêt, etc.

Ne forcez pas. Restez cool, dans ce que votre corps accepte ! Respirez len-te-ment et peu à peu voluptueusement.

Faites l'exercice trois fois comme un jeu. Votre système nerveux autonome se calmera.

Baillez, soupirez. Bailler est une inspiration, soupirer, une expiration.

2 – Le bourdonnement de l'abeille, *brahmari* en sanscrit

Posez les deux index à l'entrée des conduits auditifs de vos oreilles, pour les obturer en douceur. Inspirez et, pendant une lente expiration, imitez le bruit de l'abeille.

Vous favoriserez ainsi, par une vibration dans toute la tête, la circulation des énergies. Les tensions s'évacueront. Concentrez-vous pour sentir où cela vibre.

À faire trois fois. Pourquoi trois fois ?

La première pour tester. La seconde pour sentir vibrer. La troisième, détendu pour jouer.

3 – La gym des narines (toujours en jouant)

Cet exercice participe à ré-énergétiser nerfs, bulbes et filets olfactifs, optimisant la vascularisation veineuse d'une zone essentielle.

Souriez du front pour détendre votre néocortex, c'est-à-dire votre mental et vos pensées. Comment sourire du front ? Fermez les yeux, sentez la peau du front s'étirer.

Difficile ? Commencez par froncer les sourcils comme si vous étiez triste, puis étirez cette zone.

Une future mère, victime de fortes tensions avec sa belle-famille me dit utiliser avec bonheur cette technique lors de réunions.

Reprenons : posez délicatement deux doigts sur l'extérieur de vos cornets de nez. Sentez vos narines bouger sous les doigts comme par jeu, sans forcer. Puis, placez deux doigts près du bord interne des narines et laissez bouger vos narines même très faiblement.

Respirez doucement en vous concentrant, je répète, sur la qualité de l'air qui entre et la différence de qualité de l'air qui sort.

Maintenant amusez-vous à respirer avec le mouvement des narines :

- à l'expir, appuyez très légèrement avec le bout des doigts sur l'extérieur des narines qui résistent à la pression,
- puis à l'inspir, glissez l'extrême bout de chaque doigt sur le bord intérieur des narines pour aider à les écarter davantage.

Bientôt vous n'aurez plus besoin des doigts pour sentir bouger les ailes de nez sur l'inspir et l'expir.

Et vous serez davantage en conscience de votre respiration.

Pour vous donner une chance de vous y mettre régulièrement, n'en faites pas trop. Que cela reste un plaisir, un jeu, une détente.

B / Le minimum pour parvenir à détendre les tensions

Ma suggestion : privilégier des étirements au niveau du cou. Pourquoi ?

Qui n'a pas de tensions dans la nuque, de névralgies cervicales, de douleurs dans les épaules ? Tous mes élèves, à un moment ou à un autre.

Cette assistante de direction, hostile à toute forme d'exercice. Chaque contrariété provoquait chez elle des mouvements parasites sur le visage : œil clignant de façon saccadée, soubresauts importants au niveau des veines du cou, déplacements précipités de la mâchoire inférieure, de gauche à droite etc.

Cette responsable du service communication, toujours sous pression, à chaque nouvelle campagne de promotion cachait son cou derrière un foulard, car ressortaient alors d'importantes tâches rouges. Elle aussi était hostile à tout exercice.

Aider les énergies à circuler dans cette zone participe à une détente nerveuse globale.

Le professeur Houdart rappelle l'importance pour tout notre système nerveux de la substance réticulée à l'arrière de la tête, juste sous le cervelet, dans la zone reliée à la colonne et à notre précieuse moelle épinière.

Depuis la bouche et la langue, une "forêt de nerfs" est reliée au système nerveux encéphalo-périphérique : nerf trijumeau, ganglion trigéminal se terminant par les trois nerfs : ophtalmique, maxillaire, mandibulaire ; nerf facial, nerf tympanique, canal et nerf ptérygoïdien, vascularisation acousticofaciale, artère ptérygopalatine, nerf vestibulocochléaire, nerf glosso-pharyngien, nerf vague, nerf hypoglosse... ainsi que le plexus sympathique carotidien et une très importante vascularisation veineuse superficielle et profonde de la face.

LA GYM DU COU ET DE LA LANGUE

Commencez par tourner le regard et la tête doucement et lentement vers la gauche, puis vers la droite, trois fois.

Tournez maintenant la tête à gauche et pendant cela le regard se dirige à l'opposé, vers la droite, puis quand vous tournerez la tête à droite, le regard se portera à gauche. Trois fois.

Maintenant rapprochez latéralement une oreille d'une épaule, pendant que le regard se porte vers le haut du côté opposé, puis rapprochez l'autre oreille vers l'autre épaule pendant que le regard se porte de l'autre côté vers le haut ! Trois fois. Quoi de plus simple !

La dissociation tête dans une direction, regard dans la direction opposée demande un petit apprentissage. L'intérêt ? Ralentir le mouvement et être en conscience dedans ici et maintenant.

Ne forcez pas, tout en douceur à 50 % de vos possibilités, comme un jeu sinon vous risqueriez de raidir le visage, le cou et du coup “enraidir” votre mental.

Cette gym cou/masque facial détend quand on s'en amuse.

La gym de la langue participera également à la libération des tensions du cou et des névralgies cervicales. Pour en prendre conscience, encerclez le cou avec vos mains.

Massez-vous la bouche de l'intérieur avec votre langue : appuyez fortement le bout de la langue contre le milieu du palais, puis faites-la circuler le long des dents vers la gauche, puis vers la droite, puis sur le devant des gencives derrière les lèvres légèrement entrouvertes, côté mâchoire supérieure, puis devant les gencives côté mâchoire inférieure.

Enfin orientez la pointe de la langue vers la glotte pour étirer ce muscle.

Sentez-vous sous vos doigts les mouvements du cou ?

Baillez profondément, soupirez. Votre système nerveux encéphalo-périphérique vous remercie.

Pour vous donner une chance de pratiquer régulièrement, cantonnez-vous à deux, trois minutes par jour et surtout en jouant.

Pour ceux qui veulent aller plus loin, voici un court rappel du célèbre exercice de gym des yeux préconisé en Inde depuis plus de 2 000 ans avant J.-C., et qui revient sous les projecteurs occidentaux.

Beaucoup de nerfs sont impliqués. Entre autres : nerf et tractus optique, nerf trochléaire, citerne optochiasmatique, nerf oculomoteur, nerf abducens (ou moteur oculaire externe), fibres nerveuses entrecroisées, et tant de muscles dont muscle ciliaire, muscle constricteur de l'iris, etc.

Un nerf très important, le nerf trijumeau, est en lien direct avec les yeux, les tympans, le tenseur du palais et en relation directe avec les cellules T, cellules coordinatrices majeures du système immunitaire.

Les yeux jouent un rôle primordial dans notre système nerveux général et leur stimulation participe à l'équilibre de tout le système nerveux.

Comme le précise Moshe Feldenkrais, ingénieur-physicien, cette méthode d'éducation somatique date de la nuit des temps.

Derrière les paumes de main, yeux ouverts amusez-vous, deux, trois fois dans la semaine, à faire cinq tours d'yeux dans un sens, vers le haut, la droite, le bas, la gauche, puis cinq tours dans l'autre sens.

C / Yoga de joie pour le cerveau viscéral

Chacun de mes cours de hatha-yoga concerne le travail sur le corps. Mais je termine toujours par la lecture d'une phrase spirituelle pour qu'une fois le mental réintégré dans le corps par le ressenti, les participants envisagent de s'élever vers une dimension spirituelle. « Le premier but du yoga, assure Sri Aurobindo, est de développer l'être spirituel. »

L'attitude du corps participe à celle de l'esprit : « Pour que les yeux du corps s'ouvrent, il faut que les yeux du mental se ferment. » Satprem

La libération part du corps. Les techniques de la méthode Vittoz le démontrent, le médecin psychiatre Jacques Vigne, vivant maintenant en Inde depuis plus de vingt ans le prône, et bien d'autres...

Comment dépasser le mental ? Comment le libérer, l'assouplir, le purifier ?

En prélude, je suggère un exercice de décontraction du ventre et du plexus solaire, appelé souvent cerveau viscéral, car il aide à digérer les tensions aux plans physique et psychique.

DÉCONTRACTION DU VENTRE

Nous avons de nombreux plexus nerveux : plexus anal, génital, solaire, plexus myentérique entre les couches musculaires de l'intestin, plexus submuqueux, plexus cardiaque, plexus thyroïdien, etc.

Concentrons-nous sur le plexus solaire au niveau du nombril, appelé par certains “cerveau abdominal”, des spécialistes parlant même d'intestin intelligent, d'un ventre à 100 millions de neurones etc.

Le professeur Michael Gershon, titulaire de la chaire de biologie cellulaire de l'université de Columbia présente l'intestin comme un véritable second cerveau. D'autres, dont le professeur de physiologie Pavel Kucera de l'université de Lausanne, considèrent le ventre comme un cerveau viscéral. D'où cette proposition de gym du plexus solaire.

Le sport est un euphorisant qui libère dans le cerveau des substances hormonales – les endorphines – sources de bien-être et de plaisir.

Ne soyez pas dans l'effort mais dans une détente qui deviendra au fil du temps plaisir.

Premier exercice : cercle virtuel du nombril

Mains sur le ventre, ayez l'impression de dessiner un cercle virtuel avec les muscles situés autour du nombril, de gauche à droite, puis de droite à gauche, dans un sens puis dans l'autre.

Vous n'y arrivez pas ? C'est fréquent. Visualisez l'exercice. Un jour votre corps acceptera.

Second exercice : mouvement de la vague

Toujours les mains sur le ventre, imitez avec le ventre le mouvement d'une vague, de haut en bas puis de bas en haut.

Rentrez légèrement le ventre au-dessus du nombril puis au-dessous comme le font des vagues arrivant sur la plage. Doucement, sans forcer, comme pour jouer.

Sentez votre ventre vibrer. Puis inversez le sens de bas en haut, cinq, six fois à votre rythme, cela participera à masser intestins, foie, rate et à une détente en douceur de la zone.

Si vous trouvez cela difficile, contentez-vous de visualiser l'exercice.

Un jour votre corps acceptera. Cela doit rester un jeu. Sans oublier de bailler et soupirer.

Nos muscles sont contractés en permanence même quand nous dormons.

Cet exercice aidera à les "déraidir" si vous ne forcez pas et considérez l'exercice comme un jeu. J'insiste.

En complément pour vous aider à "lâcher les pensées", je suggérerai deux exercices très simples :

Fixer le regard – yeux fermés – sur le bout du nez, puis entre les deux sourcils. S'y concentrer.

Chanter le son primordial AUM

AUM libère du passé et du futur pour vivre le moment présent.

A = ouverture, U = durée, M = fin, puis laisser le corps en silence méditatif.

Le son est vibration de tout le corps. Inspirer et, sur l'expiration, faire vibrer un A-OU-MMMMMM. Suivre les vibrations entre les sourcils, dans la tête (vers la glande pinéale, hypothalamus, hippocampe et glandes du cerveau émotionnel), le cou, le corps.

S'y essayer, au début et à la fin d'une série d'exercices, aide à faire une coupure avec notre quotidien habituel.

La concentration visuelle sur un seul point (*tatrak*) et la vibration sonore par le son primordial AUM participent à nous élever sereinement vers le plan subtil.

Dépasser l'intellect, les impulsions par quelques exercices élémentaires auxquels on peut se livrer partout. Ces petits ajustements de recentrage, curieusement, vous aideront à vous délivrer des limitations du mental.

Le but du yoga, dit la tradition, n'est pas de s'évader de la vie terrestre, mais d'y faire descendre le divin, en tout cas d'éveiller l'être intérieur au-delà de l'ego.

Récapitulons : Pour avoir une chance de pratiquer ces exercices régulièrement, cantonnez-vous pour chacun d'entre eux à une à deux minutes par jour. Ce qui compte, c'est un peu tous les jours... ou presque.

- Une minute pour l'expiration par paliers et le bourdonnement de l'abeille,
- trente secondes pour la gym des narines,
- trente secondes pour la gym du cou,
- trente secondes pour la langue,
- une minute pour les mouvements dissociés tête/yeux,

- une minute pour le cercle virtuel du ventre et le mouvement de la vague,
- trente secondes pour chanter le son AUM.
- Donc en tout environ cinq minutes.

Cinq minutes dans une journée pour reprendre contact avec des zones essentielles de son corps, pensez-vous que ce soit trop demander ? Votre corps est un vrai partenaire si vous lui prêtez un minimum d'attention réelle.

Ne cherchez pas la performance mais une détente progressive qui, un jour, sera volupté. Soupirez, baillez, souriez, la détente suivra.

Le soupir est une expiration, le bâillement, une inspiration donc osez en abuser.

CHAPITRE II

Seconde suggestion :
Mise en bouche d'un art spirituel par le ressenti

De tout temps, l'homme a eu besoin de loisirs pour s'aider à évacuer les problèmes qui l'assaillent en permanence.

L'art peut nous y aider en fonction de la sensibilité de chacun, chant, danse, dessin...

L'art-thérapie est connu et utilisé depuis longtemps. De nombreux ateliers proposent des séminaires pour se libérer, par ce biais, de ce qui opprime.

Une quinzaine d'années dans les métiers graphiques m'ont sensibilisée aux multiples apports esthétiques, poétiques, et maintenant spirituels pour aider à dépasser un quotidien morose que nous ressentons tous au moins à certaines périodes.

La vue étant mon sens le plus développé, je me suis éclatée professionnellement grâce à l'art pictural : démarrage de la fondation Cartier, participation à l'organisation d'expositions de prestige (Grace Kelly, Tachibana oncle de l'empereur du Japon, puis à la direction des Musées de France, stage de dessin avec Salvator Dali etc.).

Depuis, par le biais du yoga et de mes voyages en Extrême-Orient, mes affinités se sont orientées vers les peintres "inspirés".

Entre autres, Botticelli, Michel-Ange, Moysh Segal, m'ont aidée à rêver la vie par des peintures irradiantes de formes et couleurs d'espérance. Tout y est lumière, embrasement d'amour sous l'éclairage de l'Esprit.

Moysh Segal... plus connu sous le nom de Marc Chagall, aurait mérité un prix Nobel.

Pourquoi à côté du prix Nobel de littérature, n'y a-t-il pas un prix Nobel de peinture ?

Dans ce programme-dégustation, pour sortir des logiques linéaires, je propose une évocation des arts spirituels indiens. Aller voir ailleurs peut participer à se déconditionner. En Inde, les pratiques de santé ayurvédiques utilisent l'art pour retrouver l'harmonie intérieure. Le corps, étant sous l'influence du cosmos, du subtil, retrouve son équilibre par l'art.

Tout art indien, comme le rappelle dans ses stages Ajit Sarkar, est cosmique, spirituel, pénétrant le corps par osmose progressive par une vibration profonde pour atteindre l'âme humaine. Par le corps, on se rapproche ainsi de l'univers mystique, sorte de fusion, de physiologie mystique.

Des ateliers au sein des maisons des jeunes et de la culture de nombreuses villes permettent d'y goûter.

Pour Ajit Sarkar, l'intérêt de s'ouvrir à un art sacré est de l'incorporer en soi et d'obtenir ainsi une expérience corporelle de la divinité.

Cette expérience peut être adaptée à chaque culture : un reportage télé sur une usine d'Arabie saoudite, près de La Mecque, montrait dernièrement une entreprise dont les 200 ouvriers tissaient avec des fils d'or et d'argent d'immenses reliefs de calligraphies-symboles pour un bâtiment religieux. Interviewés, ces hommes, autour de la quarantaine, semblaient heureux de participer à une œuvre "noble".

Et si nous proposions d'embellir notre patrimoine en formant nos jeunes désœuvrés à des travaux manuels donnant un sens élevé à leur vie ? Ne pourrait-on pas dans certains quartiers sensibles, prévoir ce type d'atelier ? Peintures, sculptures, vitraux, chorales, spectacles de danse... pour former des professionnels en corrélation avec la culture de chacun.

Et pourquoi pas un festival d'arts sacrés orienté zones sensibles, à l'image des manifestations du Puy du Fou en Vendée... Le festival de la bande dessinée d'Angoulême a bien créé un prix de bande dessinée chrétienne et de spiritualité œcuménique.

Ici, je propose de dépasser notre quotidien en s'ouvrant à un art lointain. En Inde, tout art a une coloration sacrée. Là-bas, l'art a façonné l'âme indienne, puisant son inspiration à la source de la religion et de la philosophie. L'esthétique est l'expression d'une dévotion. Dévotion signifiant concentration vers le but à atteindre.

Notre approche restera suggestion, sensibilisation vers un futur approfondissement éventuel. C'est pourquoi, je mets simplement l'accent sur un type de dessins (mandala), un type de chants (mantra), une posture de danse.

Libre à vous, par la suite, de vous inscrire dans une association ou un atelier pour continuer.

A / Dessiner la concentration en s'amusant > Le mandala

Je ne tiens pas à entrer dans les appréciations psychologiques d'un Jung, qualifiant cette technique de porteuse d'énergies archétypales de l'inconscient ou d'un S.H. Raza – peintre indien vivant en France, qui ne cherche pas à rendre l'aspect extérieur des choses, mais l'intérieur, précisant : « Avec très peu de chose, on peut atteindre l'infini. »

Restons basiques : *mandala* signifie en sanscrit (langue ancienne sacrée indienne) : cercle – diagramme géométrique formé de cercles concentriques circulaires autour d'un centre, désignant originairement le soleil ou la lune.

Il est une réponse non intellectuelle mais vivante, accessible par les sens, le mandala est considéré comme un support de transformation intérieure. Certains sont très élaborés, mais il en existe de tous simples, une simple rosace, ou quelques traits qu'on colore au gré de sa sensation du jour.

Amusez-vous. Laissez s'exprimer votre instinct au-delà de toute logique conventionnelle. Dessinez un motif circulaire par jour sur un petit carnet, en correspondance à l'état intérieur du moment, participant à recentrer vos énergies. À retrouver l'essentiel en vous.

Nous vivons dans le chaos, le mandala nous aide à l'ordonner. Dessiner un mandala, c'est dépasser la dualité et la confusion.

L'envisager comme un support visuel de méditation demanderait d'être accompagné par un maître.

Recentrer ses énergies en dessinant des mandalas tout simples

À chacun de choisir ou pas des couleurs selon l'humeur du jour, ou un motif tout autre au gré de sa fantaisie et de son déconditionnement. Défoulez-vous !

Recentrer ses énergies en dessinant un motif par jour, des mandalas tout simples sans autre ambition que dépasser la dualité, le chao quotidien.

B / Chanter ou fredonner avec les cellules de votre enfant intérieur > Le mantra

Mantra est un mot sanscrit. *Man* = penser, *tra* = protéger.

Maurice Cocagnac, dominicain, considère que ce serait une erreur de le confiner dans le cadre de l'hindouisme et du bouddhisme. Cantiques bibliques, psaumes et invocations ont été également pratiqués à des époques très anciennes par les judéo-chrétiens allant jusqu'à prôner, comme Annick de Souzenelle : « La Bible ne se lit pas, elle se cantile. »

Certains chants liturgiques, grégoriens, orthodoxes, gospels, musiques de Bach, Haendel, Mozart, nous émeuvent au plus profond, provoquant une sorte de "chair de poule".

En Inde, depuis l'époque très ancienne védique, jusqu'à nos jours les hindous les utilisent pour développer leur spiritualité par des pratiques multiformes. Le *mantra* est une phrase plus ou moins longue parfois réduite à un seul son "OM".

Les sons vivent en nous et autour de nous. L'être humain n'a pas la capacité de percevoir tout le spectre vibratoire. Nos radars sensoriels sont moins performants que chez certains animaux. Cependant, notre oreille est un organe d'audition et d'équilibre interne. Les vibrations se communiquent au corps entier. Elles sont un puissant moyen d'équilibre interne. Depuis des temps immémoriaux, on soigne en utilisant les vibrations sonores. Les effets physiologiques sont maintenant mesurés scientifiquement.

En musicothérapie, le patient est confronté à ses propres dissonances. On l'aide par ce biais, à restaurer ses énergies vitales.

Le son pour certains psychologues, est vainqueur de la peur. Quand j'étais petite et qu'on me demandait de descendre à la cave chercher du vin, pour me donner du courage, je chantonnais (et peut-être inconsciemment pour faire fuir d'éventuelles souris).

Fredonner détend, ragaillardit. Je suggérais encore il y a peu, à quelqu'un qui est en train de changer de vie privée et qui, pour l'instant, n'arrive pas à trouver sa juste solution : « Fredonne, chantonne, tu réfléchiras après. »

En fin de cours de yoga, je propose souvent de chanter les voyelles pour aider les énergies à circuler et éviter qu'elles se bloquent. Je demande alors de se concentrer sur son corps pour sentir où çà vibre. L'exercice consiste à fredonner une à une chaque voyelle sur une lente expir : inspirez et sur l'expiration, murmurez un long "a" tout en observant dans quelle partie du corps cela vibre. Recommencez une seconde fois pour mieux vous concentrer sur la zone qui vibre. J'insiste. Soyez vraiment dans le son de la voyelle, au plus profond.

Puis vous fredonnerez comme dans un long murmure toujours sur l'expir : é, i, o, u et chaque fois, chercherez dans quelle partie du corps, une voyelle agit davantage qu'une autre. Soyez vraiment dans votre son au plus profond de cette vibration, avec légèreté.

J'insiste – essayez bien de noter si fredonner des voyelles différentes produit des vibrations dans des parties différentes du corps.

Fredonner ainsi les voyelles participe à allonger l'expir, offre une merveilleuse source de détente mettant en vibration tissus, nerfs, squelette, et favorise la circulation des énergies. De plus, cela participe à se recentrer.

Je vous présente maintenant un grand classique : le *gâyatri mantra*. Pour certains hindous, il n'est pas nécessaire d'en connaître le sens mais de visualiser une divinité à laquelle on s'adresse. D'après Chögyam Trungpa : « Le mantra est généralement considéré comme un son abstrait, son cosmique accompagnant une certaine visualisation cosmique. »

Certains spécialistes occidentaux considèrent qu'il faut baigner dans la culture et dans la signification du message pour l'aborder.

Je suis assez partisane de l'envisager à travers un simple ressenti pour lâcher notre mental trop envahissant. Sachant que le répéter accentue sa valeur évocatrice et participe à calmer un esprit agité.

Gâyatri mantra est à la fois mantra et prière, stance du *Rigveda* de vingt-quatre syllabes de quatre vers. En Inde, il est recommandé de le répéter chaque jour au lever et au coucher du soleil. Dans les Écritures sacrées indiennes, gâyatri désigne la déesse qui détient le pouvoir libérateur permettant d'utiliser ses potentiels et de les dépasser :

« Om bhur buva svaha
Tat savita varenyam
Bhargo devasya dheemahî
Dhîyo yo nah prachodayât »

En sanscrit, pour ceux qui ne peuvent s'empêcher de vouloir en comprendre l'esprit, *bhur* signifie terre, *svaha* les cieux, *bhuvat* la région intermédiaire. Ces termes constituent les trois plans principaux de l'existence, le plan grossier, subtil et causal. Tout l'univers y est en image.

L'intérêt de ce mantra est la totale absence de motif égoïste. Il nous libère de l'égoïsme étroit qui caractérise la nature humaine ordinaire. Sa traduction (comme toute traduction, le sanscrit étant une langue très complexe) reste approximative : « Nous méditons sur l'adorable (*varenyam*) gloire (*devasya*) du lumineux (*bhargo*), le chasseur des ténèbres et donc de l'ignorance. Puisse le soleil (*savita* – la cause primordiale) illuminer notre intellect [1]. » La signification symbolique est : le soleil spirituel caché derrière, et le soleil physique, ne font qu'un.

---

[1] Source : revue *Yoga et vie* n° 113, septembre 2002.

Sa récitation ouvre les centres psychiques mystiques, fait vibrer l'énergie cosmique en nous, détruit les pensées inutiles. Ses vibrations pénètrent le corps, le faisant progresser spirituellement affirment les Indiens. Il peut être chanté mentalement, sans qu'on l'entende. Répété silencieusement – on parle alors de japa ou récitation (à réserver aux habitués accompagnés dans un atelier ou stage). Procédez par étapes.

« Les mantras constituent des moyens par lesquels les rites extérieurs stimulent en profondeur l'expérience intuitive des mystères qu'ils symbolisent. » John Blofield.

Avant de « se refaire une santé spirituelle en chantant » comme préconise Lytta Basset, se mettre en tête le *gâyatri mantra* peut être une bonne étape vers une intériorisation.

N'entrons pas dans la magie, l'intoxication sonore, les concepts d'oreille spirituelle. Il s'agit d'un voyage à travers tout notre corps et déjà, si vous vous prêtez à énoncer les voyelles, votre corps en tirera des bénéfices.

Évoquer ces techniques vers le subtil est une chose, les approfondir nécessite de se rapprocher d'un atelier spécialisé. Contentons-nous ici de le recevoir comme un massage vibratoire, à effet mental et spirituel, presque une autre façon de respirer subtil en profondeur.

C / Danser la vie avec légèreté > La posture de Shiva

Autre approche loisir et spirituelle avec le corps : la danse. Si j'évoque ici la danse, c'est pour vous sensibiliser à l'influence de l'univers sur l'homme. L'Inde, par le biais de cet art, montre que nous sommes reliés au cosmos, influencés par ses mouvements et, par cette danse, nous invite à le savourer de la tête aux pieds.

La danse du Sud de l'Inde, le *Baratha Nathyam*, considérée comme un "yoga en soi", utilise chaque partie du corps, sourcils, muscles des joues, orteils, se référençant à l'œuvre monumentale de Bharata Muni, le *Nâtya Shâstra*, datant d'environ 400 av. J.-C.

Danse cosmique, tandava, développe l'énergie cosmique qui vit en chaque être.

Danser délivre de nombreuses tensions. Les neuro-psycho-physiologistes et neuropsychologues le confirment. Des stages de danse-thérapie sont proposés dans de nombreuses régions. Les derviches tourneurs l'avaient compris. Certaines personnes m'ont confié s'être délivrées de tensions très invalidantes par ces techniques.

Nietzsche en est convaincu : « Que l'on estime perdue toute journée où l'on n'aura pas au moins une fois dansé. »

Et Daniel Pons, poète philosophe nous incite à « danser dans la lumière ».

En Inde, les danses sacrées ne sont pas une simple performance gestuelle et rythmique mais un des moyens pour atteindre le Soi.

De nombreux temples indiens avaient autrefois leurs danseuses attitrées – les *Devadasi*. Actuellement dans le Kerala, État du Sud de ce grand pays, le Temple de Guruvayur respecte encore cette tradition ancestrale. Les *Devadasi* exercent leur art pendant les offices religieux qui rythment la vie du temple. Par une gestuelle lente et gracieuse, elles incorporent le divin en soi, obtenant une expérience corporelle de la divinité.

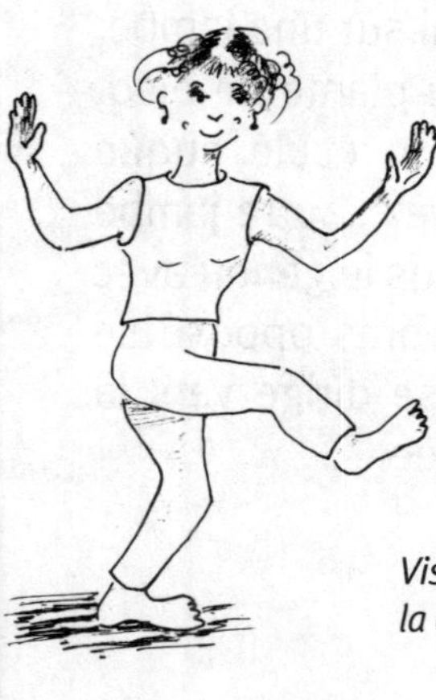

Visualiser la danse du Shiva ou la danser avec légèreté.

Tout art spirituel, dessin, chant, danse, permet de ne pas interposer entre soi et le divin une théologie ou une rationalisation métaphysique. Approche par le ressenti. Comme disait Isidora Duncan : « Danser ses espoirs, ses souffrances, ses rêves. »

Conformément à l'esprit de notre programme-dégustation, pour qu'il soit facilement accessible au plus grand nombre, je suggère de vous essayer à la posture de la danse de Shiva, décrite dans mon livre précédent, *Le Yoga au quotidien*. Différentes variantes sont possibles. Ici je suggère deux approches : assise et debout.

Assise : pliez les genoux, attrapez un talon de la main opposée, cette jambe se tend, posez l'autre main à plat derrière les fessiers et regardez vers l'arrière.

Debout : prenez appui sur une jambe, soyez bien dans votre plante de pied, épaules basses, menton reculé, nuque étirée. Lentement, levez l'autre jambe que vous soutenez sous le genou avec la main opposée. Le bras opposé se lève et votre regard se dirige vers la paume de la main levée.

Danser est partie prenante d'une détente, d'un lâcher-prise. La pratique de la posture unit le corps, le mental et la conscience. D'après la mythologie hindoue, elle développe chez l'homme la force de l'énergie cosmique qui vit en chaque être. Appelée par certains "posture cosmique", elle nous fait prendre conscience que le ciel et la Terre sont en nous. Ne forcez pas – visualisez-la dans un premier temps puis vivez-la avec légèreté.

Visualiser un arc-en-ciel.

CHAPITRE III

Troisième suggestion : Lâcher-prise des perturbations

Pas facile de nous libérer des perturbations du quotidien. Tout être humain est confronté à la souffrance. J'y suis passée. Mes élèves y sont passés. Je suis arrivée au lâcher-prise grâce à certains supports, me sentant maintenant à la fois légère et forte face aux contrariétés parfois profondes auxquelles j'ai été confrontée comme nous tous.

Mon propos ici, est de vous présenter des chemins accessibles qui m'ont aidée ainsi que d'autres. Ceci en complément de la relaxation que je continue à pratiquer, dont je répète l'essentiel :

- expirer par paliers,
- imiter le bourdonnement de l'abeille pour aider les énergies à circuler,
- gym des narines
- ébauche de dessins, chant et danse.

Oser la simplicité est une gageure, surtout pour les personnes dont le travail hypertrophie le mental. J'en parle en connaissance de cause quand je vois les personnes qui m'entourent, côté élèves ou côté famille, incapables d'arrêter de réfléchir, et ne trouvant pas d'issue à un mal-être envahissant.

Alors pourquoi ne pas essayer une autre voie ?

Je suis allée sur le chemin du bouddhisme par le biais de mes voyages en Extrême-Orient qui m'ont permis d'approcher des personnes au visage serein, parfois irradiant alors que leur vie était remplie de perturbations qu'aucun Occidental n'aurait supportées.

Le bouddhisme est présenté en France depuis longtemps et ne présente aucun danger de type secte.

Pour mon cas, après lecture de nombreux écrits, et divers séminaires, je me suis inscrite aux cours de l'Université bouddhiste européenne par Internet. (www.bouddhiste-universite.org ou www.bouddhiste-universite.net.)

De ces cours, je rappelle deux principes fondamentaux qui sont sources de lumière quotidienne :

- Éviter trois poisons : l'avidité, la haine, l'aversion.
- Se centrer sur trois joyaux, sources de lumière : le Bouddha (symbole d'éveil), le Dharma (enseignement), la Sangha (communauté – tout étant impermanent, on a besoin de l'aide des autres, car il est très difficile d'affronter cette impermanence seul).

Mon ressenti par rapport aux trois poisons : l'avidité et la haine n'ont jamais été ma façon de fonctionner. Je ne suis avide d'aucun objet ou bien personnel, juste avide, voire curieuse de connaissances. Face à la haine, je n'en ai jamais éprouvé même pour ceux qui m'insupportaient. Avant, la haine de mon frère à mon égard me rongeait, maintenant je l'ignore, me contentant de mettre une distance entre cette personne et moi. Émotionnellement, je suis devenue neutre.

En fait, des trois poisons, le seul auquel j'ai été sujette était parfois l'aversion. Maintenant que je pratique des exercices de compassion, cette sensation perturbatrice m'a quittée.

Quant au soutien par les trois joyaux, *bouddha*, *dharma*, *sangha*... ils dépendent du ressenti de chacun.

Les autres fondamentaux retenus :

1 – Prendre en charge sa propre évolution en pratiquant *vipassanâ* (se regarder comme dans un miroir).

2 – Éviter de s'attacher à un état construit par le mental. (C'est ce qui perturbe mon intellectuel de mari. Mais comment aider quelqu'un qui refuse de l'être ?).

3 – Avoir conscience que toute chose conditionnée par la pensée est impermanente, sujette à dissolution, voire illusoire. C'est facile à concevoir, moins facile à mettre en application donc à accepter.

4 – Dissiper le voile cognitif et le voile passionnel. Élaguer, élaguer. Vider, vider, expirer, expirer en se concentrant ici et maintenant, notamment par des exercices corporels comme expirer le mental.

5 – Développer la compassion illimitée – *karunapramanâ*, développer l'amour bienveillant – *maitriva pramâna*, même envers nos ennemis, en nous débarrassant de l'attachement et de l'aversion. Ça a été mon axe principal de recherche. La paix intérieure et surtout la joie m'ont alors envahie.

6 – S'essayer à *Tonglen* : pratique de donner et recevoir.

Ces principes sont simples à énoncer, mais pas aisés à mettre en pratique. Munissez-vous de patience et de réalisme donc – il ne faut pas viser trop d'objectifs en même temps. C'est pourquoi je me limite à énoncer cet essentiel.

La compassion vis-à-vis de personnes perturbatrices, car perturbées, m'a apporté plus que je n'en attendais. Je reviendrai sur le sujet, deux paragraphes plus loin.

Quant à *tonglen*, j'adorais donner, c'est très valorisant, mais j'avais beaucoup de mal à recevoir. Les femmes qui m'entourent sont souvent dans ce cas. Demander me mettait mal à l'aise. Recevoir également.

Comme le précise Ajit Sarkar, la personne qui donne doit remercier la personne qui reçoit d'accepter le cadeau.

Essayer de mettre en application ces objectifs est partie prenante de mon hygiène de vie, et également pour transformer l'adversité en voie vers l'éveil :

1 – Ne pas parler des défauts d'autrui. J'ai beaucoup progressé sur ce plan. Pas facile pour mes racines provençales de privilégier le silence.

2 – Fixer l'esprit sur un objet support neutre (caillou, bout de bois, arbre, fleur ou lune) pour prendre une distance par rapport à ce qui nous perturbe.

Ayant suivi avec un professeur indien, Shribashyam, une formation sur l'émotivité, j'ai pu constater l'intérêt de visualiser la pleine lune pour évacuer des pensées perturbantes.

- En un, visualiser la pensée perturbante pendant trente secondes.
- En deux, visualiser la pleine lune, trente secondes.
- En trois, fixer le mental sur quelque chose de positif ou quelqu'un qu'on aime bien ou qui nous fait vraiment plaisir. Également trente secondes. Puis repasser à la visualisation de la pleine lune.
- En quatre, revenir à la première pensée perturbatrice.

Votre vision est-elle devenue neutre, non perturbante ?

Ça a fonctionné pour les quarante professeurs de yoga présents au séminaire du Shri. La pleine lune ayant participé à lâcher les perturbations du mental. Pour que cela fonctionne, il est nécessaire d'être vraiment dans la vision… Quitte à essayer d'autres visualisations – exemple : quand la colère monte, visualiser qu'on pratique un équilibre sur un pied comme la posture de l'arbre. Fixer cette image dans le mental jusqu'à ce que l'esprit s'apaise. L'équilibre, même mental, "rééquilibre".

Voilà, dit simplement, un raccourci des messages retenus. « Alors, disent les bouddhistes, on peut rayonner d'une lumière infinie. » (Amithâbha).

Face à des évènements perturbateurs que toute vie oblige à affronter, pour appliquer ces principes, il faut en sélectionner trois au maximum.

Pour moi, j'ai mis en premier, l'image neutre de la pleine lune, l'exercice de donner et recevoir et la compassion, que j'évoquerai au paragraphe trois de ce chapitre.

Je suis convaincue de l'efficacité de commencer par un travail sur le corps, rejointe sur ce point par certains psychiatres dont Jacques Vigne, qui a "un pied" depuis vingt ans en Inde.

Le but de la voie bouddhiste est d'atteindre la libération (*vimutti*) et l'éveil. Il ne s'agit pas de se contenter de méditer sur le fait que tout est souffrance, il faut cohabiter avec. D'après les bouddhistes, et je partage cette approche, on ne peut faire abstraction du monde.

Les huit points privilégiés à cultiver physiquement et mentalement correspondent à ce qu'ils appellent l'octuple sentier : vue juste, pensée juste, parole juste, action juste, moyens d'existence justes, effort juste, attention juste, concentration juste.

Quand j'explique ça à mon mari, il répond, en bon occidental formé au moule cartésien par dix ans de scoutisme, des études scientifiques, et une vie professionnelle dans un milieu d'ingénieurs : « L'action juste, ça n'existe pas. Il y a le dépassement de soi ou rien... Dans le business, il y a la *bottom line*, les objectifs à atteindre. Même pour soi, il faut des objectifs. »

Viser le dépassement de soi peut être atteint par diverses approches. Lui essaie de se dépasser dans son travail et dans un loisir (monter à vélo des côtes niveau Tour de France, moi j'essaie de me dépasser par des exercices de compassion).

Travailler sur ces plans n'est pas aisé à mettre en pratique, mais quand je vois certains de mes élèves, brillants professionnels dans une impasse émotionnelle, je ne vois pas comment faire autrement que de s'y essayer.

La réponse bouddhiste à l'impasse émotionnelle est que l'origine de la souffrance se trouve principalement dans trois réactions – avidité (*lobha*), haine (*dosa*) ou aversion (*vyâpâda*) illusion (*maya*). Se laisser envahir par ces mouvements d'humeur pousse autrui à réagir de même.

Les autres grands préceptes du bouddhisme à retenir en priorité même sans désirer se consacrer au bouddhisme sont :

1 – La vraie solitude n'est pas physique mais mentale et spirituelle.

2 – Tous les êtres souffrent de trois types de souffrance (souffrance de la souffrance, souffrance du changement, souffrance inhérente à l'existence).

3 – Les joies éphémères ne font que précéder d'autres souffrances.

Pour vivre sereinement face à ces constats le premier palier est d'acquérir la compréhension de l'impermanence (*anitya*), de l'inintérêt de l'avidité (*lobha*), et de l'aversion (*dosa*).

Tous les jours, mon entourage témoigne de souffrances par manque d'acceptation de l'impermanence et par "pataugeage" dans l'aversion. Qui ne se sent pas un jour ou l'autre regardé de travers ? Qui n'interprète pas à sa façon, une phrase maladroite d'un conjoint (j'en sais quelque chose !), d'un ado, d'un parent vieillissant... Qui n'a pas d'aversion pour certaines odeurs (je pense notamment à l'aversion d'un élève pour l'odeur du pop-corn dans les salles de cinéma et qui ne fréquente plus les cinés à cause de ça), certains bruits même anodins (entendre tousser pendant un concert, une douche prise tôt à l'hôtel...). L'Occidental en est là.

Accepter que tout ce qui est conditionné soit insatisfaisant est un principe fondamental de l'enseignement (*dharma*) du Bouddha, privilégiant une juste pratique plutôt qu'une juste doctrine. « Le Dharma est une pédagogie qui permet à chacun de fabriquer son propre radeau. »

Ma compréhension de l'enseignement de l'UBE (Union bouddhiste européenne) est d'orienter la pratique sur une compréhension de bon sens. L'engagement personnel se fera progressivement. Prendre le temps d'y réfléchir, s'y exercer, demande de se poser pour s'y mettre de temps en temps.

La tradition précise que le roi Ashoka (IIIe siècle avant J.-C.) s'est converti au bouddhisme quand il vit les souffrances qu'il provoquait par ses conquêtes. Il a unifié l'Inde, puis a proclamé par un édit : « On ne devrait pas honorer seulement sa propre religion mais également les autres. En agissant ainsi, on aide sa propre religion à grandir. »

Ouverture, ouverture...

Mon ressenti, après deux années de cours, a été que plus j'avançais, plus je me sentais enfermée dans un jargon d'initié, trop sophistiqué pour moi, risquant de m'éloigner de l'essentiel. L'essentiel retenu pour être bien dans mes baskets, a été de mettre en pratique trois défis : accepter, affiner, s'exercer – accepter la souffrance, affiner le ressenti. Remplacer le jugement par le discernement, s'essayer à l'exercice de la compassion.

A / Accepter la souffrance, les conflits et les deuils inéluctables

Nous souffrons tous. Pas facile à accepter. Notre cerveau refuse de souffrir. Or, « pour éprouver de la joie, il faut passer par la souffrance » – vieux proverbe birman.

Ceci est repris notamment par Wilhelm Reich : « Ce n'est pas le cri qui est curatif, c'est la souffrance, considérant qu'on ne sort pas des névroses par la gentillesse mais par la violence. La gentillesse pousse aux faux-semblants. »

C'était mon cas. J'étais naturellement trop gentille. Certains diront “poire”, donc dans les faux-semblants même vis-à-vis de moi-même. J'ai mis longtemps à comprendre que trop de gentillesse est un handicap, voire un défaut. Je voulais projeter une bonne image auprès des personnes que j'aimais mais je n'avais pas compris qu'on apprécie davantage les personnes qui résistent.

Comment utiliser la souffrance comme voie de libération, comme chemin de la liberté ?

Il a fallu que je passe par une maladie grave et que je rechute pour que je me libère du carcan des contraintes familiales que je m'imposais. Parfois la souffrance nous “débouche les oreilles”. Au départ, personne ne m'en demandait autant. Puis parents, mari, enfants m'ont laissé les dorloter. Plus on donne, plus les autres trouvent naturel de réclamer encore et encore. Le cercle infernal. La souffrance m'a permis d'oser tourner certaines pages pour vivre selon mes désirs.

« C'est la souffrance qui permet d'atteindre la fin de la souffrance. » (Jack Kornfield).

Toutefois : « Ne vous transformez pas en champ de bataille. » (Thich Nath Hahn).

« Si je sais écouter la souffrance, je saurai écouter le bonheur sachant que le bonheur ne peut être permanent. » (Krishnamurti).

Tout est dit dans ces quelques phrases – on le sait mais comment l'intégrer pour vivre sans que cela nous perturbe ?

Il y a 160 000 tentatives de suicides par an en France ! 1 000 adolescents de 13 à 18 ans se suicident chaque année en France.

Les seniors ne sont pas en reste… 15 millions prennent des tranquillisants.

Nous ne mourrons pas de faim mais d'un excès de désir sans effort à la recherche de sensations fortes… L'être humain est manipulé par son émotionnel. Il recherche le plaisir, le désir et subit la peur et l'anxiété.

L'équipe du professeur René Hen, chercheur français travaillant au Centre de neurologie et du comportement de la Columbia université de New York, considère que l'anxiété se détermine de façon irréversible pendant la prime enfance. Elle est à la fois innée et acquise. Son équipe a modifié le comportement des souris en leur administrant un antibiotique qui ouvre ou ferme les récepteurs cervicaux à la sérotonine maintenant que le gène de l'anxiété, le gène SLC 6A4 situé sur le chromosome 17, est connu pour impliquer un neuromédiateur, la sérotonine.

Où trouver un espace de décharge ? Comment débloquer, soulager tensions, peurs, anxiétés ? Pour certains il y a une volupté dans la douleur. Porter sa croix est actif. « La névrose moderne est le fruit d'une suradaptation à une société "malade" » ont affirmé beaucoup dont Deshimaru (sage japonais qui s'enfuyait quand même dans la boisson).

Comme le précise dans *Psychologie de la peur*, le psychiatre Christophe André interrogeant les phobiques qu'il accompagne : « Qu'est-ce qui vous a le plus aidé ?

— Que vous m'ayez poussé à affronter mes peurs. »

Ce spécialiste rêve d'une école de phobie avec des patients experts. Ce serait géant !

Michel Banassat : « Nous ne souffrons pas parce que tout est impermanent, nous souffrons car nous nous attachons à ce qui est impermanent. »

« Refuser de souffrir, c'est refuser de vivre » affirme Jacques Philippe, membre des communautés des Béatitudes.

C'est une phrase à apprendre par cœur. Opter pour la vie ne va pas de soi. Combien s'effondrent-ils quand ils souffrent ! Je me suis effondrée. Mes quêtes m'ont aidée à rebondir, à renaître en dépassant plaisirs futiles et images souriantes irréalistes dont nous inondent les médias.

Dans le métro, la publicité projette des visages épanouis. Or, dans ce même métro, quand on regarde les voyageurs, leurs regards sont sinistrés. Nous sommes bercés d'illusions factices alors que notre Voie Lactée, dans laquelle nous vivons, se déplace à 600 km/seconde où tout change à la vitesse de la lumière. Comment cohabiter avec ce bouleversement permanent et dépasser les agressions de proches ?

Beaucoup de mes élèves utilisent l'exercice du bouclier virtuel :

- Sur inspir, monter les bras droit devant le buste jusqu'au niveau de la poitrine, bras parallèles au sol, à angle droit avec le buste, doigts vers le plafond, paumes vers l'extérieur, comme pour empêcher une agression.
- Ouvrir les bras sur les côtés et visualiser qu'on empêche ainsi les ondes négatives de nous atteindre. Puis sur expir, redescendre les bras près du corps.

Si on se trouve dans une situation, où il est impossible de réaliser l'exercice, le faire mentalement. Essayez et vous me tiendrez au courant.

Il y a une autre méthode pour désamorcer l'agressivité d'un adversaire, c'est l'humour. André Van Lysebeth, célèbre professeur de yoga, commençait toute demi-journée de stage par une histoire drôle.

Voici quelques exemples empruntés à Groucho Max : « Arrêtons le combat !

— Trop tard je viens de louer un champ de bataille, répondait Groucho Max. » Ou : « Un enfant de 4 ans comprendrait...

— Allez me chercher un enfant de 4 ans. » Ou : « Vous avez trahi ma confiance...

— Prenez la mienne. » Ou : « Avez-vous une licence ?

— Non j'ai un chien. » Ou : « Je m'en lave les mains !

— Lavez-vous aussi le cou. »

L'humour peut désamorcer certaines tensions, évacuer la peur, une de nos pires ennemis... Si votre ressenti ne correspond pas à cela, essayez cette autre voie et répétez cette phrase jusqu'à vous en persuader : « N'oublions pas que la vie n'a pas que des bas, qu'en hiver chauffent des feux de bois, que les larmes sont aussi de joie. »

À la fois, il faut suivre son ressenti et à la fois il faut s'essayer à de nouveaux chemins pour sortir de ce qui nous perturbe. Le yoga est une merveilleuse voie pour sortir des perturbations. Notamment des perturbations causées par la famille. Quand j'entends les confidences des uns et des autres sur leur famille, les confidences vont de la famille qui est égale à un lieu de silence sur l'essentiel, ou des haines cachées, ou un terrorisme relationnel... D'où l'importance de travailler sur sa force intérieure.

Peu auront la force d'un Franz Olivier Giesbert : « La haine de mon père m'a structuré, j'ai acquis des armes pour me défendre. » dit-il dans son livre autobiographique *L'américain*, ou d'un

Alexandre Jollien, handicapé moteur, dans son livre *Le métier d'homme* : « Se libérer du regard qui blesse. »

Par le hatha-yoga, j'ai pu vérifier que de nombreuses personnes se sont libérées de la souffrance. Pour d'autres, c'est par un sport martial qu'ils y sont parvenus (aïkido, muay thaï, tae-kwondo, jiu-jitsu, kung fu, taï-chi-chuan, varma kalaï). Notamment pour les enfants de mes élèves.

B / Remplacer le jugement par le discernement

Juger, c'est s'étouffer.
« Si je renonce à juger autrui, c'est que j'ai mieux à faire. Éliminer autrui est un jugement de courte durée... grandir suppose qu'on accepte sa petitesse et celle d'autrui. » (Lytta Basset)

Je n'ai jamais été dans le jugement. Ma génération, dans l'ensemble, ne s'autorisait pas à juger ses parents mais je manquais totalement de discernement. Ça a commencé toute petite, avec l'histoire du Père Noël. Premier aveuglement, premier manque de discernement.

Pour mes parents, et notamment mon méridional de père, une fille, ça ne développe pas une carrière, ça se marie, fait des enfants et vit à la maison. Études finies, après des débuts dans la publicité, j'ai suivi leurs désirs, privilégiant le mariage à une carrière. Trois ans plus tard, divorce. Je me suis alors éclatée professionnellement dans l'édition d'art et la peinture (dessin avec Dali, lancement de la Fondation Cartier, organisation d'expositions de peinture de prestige : Grace de Monaco, Tachibana, oncle de l'Empereur du Japon, Direction des musées de France, service d'achat d'œuvres pour tous les musées). Enfin, dans une fédération patronale.

En parallèle, j'avais commencé la pratique du yoga à 18 ans. Après quelques interruptions, je m'y suis remise à fond au point que mon second mari se plaignait d'être le veuf du yoga.

Cours de sanscrit, voyages en Extrême-Orient, et participation à de nombreux stages autour de techniques complémentaires : brain-gym, relaxation, lâcher-prise, etc. (Vittoz, Feldenkrais, kinésiologie).

Quelle que soit notre vie, la transformation essentielle vient du cœur – nous ne sommes civilisés qu'à la surface et... « Il n'y a pas de progrès sans effet secondaire. » (Boris Cyrulnik)

Pas facile d'évoluer, de ne pas juger, de discerner.

Avec le recul, je trouve dommage que, dès l'école, il n'y ait pas de cours de comportement cognitif. Apprendre à ne pas fuir, développer le courage d'affronter les autres sans juger juste par le discernement et notamment les membres de sa famille. Être en paix avec nous-mêmes et... apprendre à faire certains deuils...

Faire le deuil de parents idéaux.

« Les enfants commencent par aimer leurs parents, puis ils les jugent, parfois ils leur pardonnent. » (Oscar Wilde)

Faire le deuil de ce que nous aurions voulu être.

« Les hommes dans leur cœur veulent être estimés, et cachent avec soin l'envie qu'ils en ont. » (Alain)

Faire le deuil de nos ambitions pour nous et nos enfants. Ne pas imposer à nos enfants d'être dépositaires de notre narcissisme infantile.

Faire le deuil de la fidélité... de notre compagnon ou compagne.

Certains neurophysiologistes ont démontré par des expériences qu'il fallait dépasser nos réactions primaires sur ce sujet. Démonstration a été faite par des expériences sur nos cousins germains les rats, qu'au bout de cinq jours, pendant lesquels ils rendent hommage à leur compagne, les rats ont besoin de changer de partenaire, sinon leur énergie baisse.

Et nous les femmes, en pareil cas, choisissons très vite le divorce. Parmi mes amies qui ont changé de vie privée, si on reprend la conversation après cinq ans de leur nouvelle vie, on se rend compte qu'elles ont, pour la plupart, déplacé leurs problèmes. « Tout être humain continue à grandir à tous égards, de la naissance jusqu'à la mort sauf s'il reste prisonnier de ses résistances. » (Carl Jung)

Pour mon cas, une relecture fréquente des Yoga-Sutra de Patanjali présentés dans mon livre *Le Yoga au quotidien*, m'a aidée et encore maintenant.

En quatre chapitres, sont énoncés de façon très simple comment :

1 – Se déconditionner, *samadhi pâda.*

2 – Trouver une stratégie pour que le mental lâche ce qui l'encombre, *sadhâna pâda.*

3 – Accepter que tout change et se modifie, *parinâma.*

4 – Avoir une action juste, *vibhûti pâda.*

5 – Atteindre la libération, *kaïvalya pâda.*

Il est facile de répondre à la colère par la colère mais l'antidote consiste à développer en soi compréhension et non-jugement. Lâcher le narcissisme, l'orgueil, le mépris, le dédain. Commencer par un travail en profondeur sur soi-même avant de porter un regard sur les autres.

Plusieurs fois, j'ai entendu certains élèves de yoga me dire avec des périphrases : « Ça ne m'intéresse plus de continuer. L'homme est pourri. Je ne suis pas mieux. Je suis de la merde. Je répondais : « Les excréments sont utiles. Ça aide les plantes à pousser. En Écosse, en Irlande, on construit des maisons avec. »

Dépasser le mental pour naître à nouveau, ou être dépassé. Éviter d'entrer en guerre. Le jugement détruit. Relativiser les réflexions des autres, parfois conséquence de leur propre mal-être.

Comment s'aider ? D'abord superficiellement : ça va de porter des vêtements aux couleurs gaies donc souples comme les Tibétains, des formes souples, des mots souples, adaptables au contexte, un ton souple, un regard souple.

La souplesse... éviter le regard qui tue, les mots qui tuent, les intonations qui empêchent de continuer un dialogue nourrissant, notamment avec des personnes différentes de nous.

D'après le professeur John Gottman, professeur de psychologie à l'université de Washington, il n'y a « pas de relation affective durable sans conflit chronique ». « L'absence de conflit est le signe d'une distance émotionnelle qui exclut toute véritable relation. »

J'ai mis du temps à accepter les conflits dans l'intimité. C'était mon problème. Lors de mon premier mariage, je n'osais entrer en conflit. Je ne disais pas ce qui m'indisposait. Je ne savais pas crever les abcès. Les abcès si on ne les crève pas, ils s'enflent, s'infectent...

Oser le conflit, sans que ça dégénère, sans mépris dans la voix, ni dans les mots. Plus facile sur le papier qu'en pratique. Même dans le conflit, mettre un zeste de compassion.

J'ai envie de mener une guerre pacifiste contre le mal-être occidental, en devenant une sorte de guerrière de la compassion. D'ailleurs maintenant à la maison j'encourage mon compagnon à dire quand ça ne va pas, mais j'ajoute : « Parle-moi comme si on sortait ensemble depuis quinze jours » (alors que... ça fait trente ans).

Il est clair que répéter certaines choses agace et qu'il est plus courant d'accompagner une réflexion désagréable d'une grimace que d'un sourire : « Tes réflexions peuvent m'aider à m'améliorer si tu les dis avec un sourire. Si tu le dis avec une grimace, je penserais il a mauvais caractère, je n'ai pas envie de lui faire plaisir. »

Quelle arme le sourire ! Même légèrement ironique. Sourire non seulement avec la bouche mais avec tout le masque facial. Laisser flotter le regard derrière des yeux mi-clos et sentir le front s'étaler, s'étirer. Essayez. Vous n'y arrivez pas ? Ne renoncez pas. Moi c'est dans ma nature. Pas dans celle de mon mari. Dans sa famille, quand un problème surgit, ils grimacent. Maintenant je lui dis : « Dis-moi ce qui ne va pas, mais souris. Tu es beau quand tu souris... » Et l'ambiance s'allège.

C / S'essayer à l'exercice de la compassion

Chacun a sa compréhension du mot "compassion". Pour Lytta Basset c'est : « Accepter sa petitesse et celle des autres. »

Pour Jean Mouttapa c'est : « Respect non complaisant de l'autre. »

J'aime beaucoup l'approche de Marc-Alain Ouaknin quand il précise que la traduction moderne du mot hébreu correspondant – *rhamanout* – vient de *rehem*, "matrice, utérus". Par extension, on peut concevoir que cela corresponde à la capacité de concevoir, et à la capacité d'accueillir l'autre dans son altérité. Mon ressenti actuel est de le vivre dans le sens "compréhension compatissante".

Ma prise de conscience est venue d'Extrême-Orient.

Des voyages en Inde, Birmanie, Cambodge, Vietnam m'ont permis d'approcher des êtres sereins. De plus, d'innombrables bas-reliefs distillent une atmosphère qui met l'eau à la bouche notamment ceux représentant différents bouddhas de la compassion :

- Le bouddha Amitâbha, à l'énergie libératrice.
- Le bouddha Avalokitèshvara, émanation seconde de la compassion qui serait née d'un rayon de lumière jailli de l'œil droit du bouddha Amitâbha, environ sept siècles avant Jésus-Christ, considéré comme le gardien du Dharma, la doctrine sacrée.
- Kuan-Yin, bodhisattva féminine céleste apparue en Chine et au Japon, née d'une larme versée par Avalokitèshvara sur les misères du monde. Elle revêt vingt et une formes pour venir en aide et briser les chaînes des illusions. Kuan Shih Yin veut dire celle-qui-écoute-les-appels-du-monde.

Par cette ambiance, l'envie m'est venue de tester pour moi-même la compréhension compatissante que semblent projeter la plupart des moines croisés dans les différents pays visités. Je visais, par ce biais, l'approche de leur sérénité.

Quand j'en parle en Occident, mes interlocuteurs sont souvent dubitatifs, semblant assimiler la compassion à un pardon plus ou moins injustifié, voire appréhendent le risque de "se faire avoir".

Cet exercice me semble LA clé vers la paix intérieure à mettre en place au niveau des relations personnelles. Il n'est pas de mon propos d'envisager la compassion pour les amples conflits politiques, les crimes racistes et ceux contre l'humanité. Mon ambition se limite au niveau familial et à l'entourage professionnel proche.

J'ai fait mes premiers exercices grâce à une période d'extrême tension avec mon frère unique et aîné, au moment du décès de mes parents. Entrer dans les détails n'enrichirait pas le débat. Je ne pensais pas qu'entre frère et sœur, on pouvait avoir une attitude aussi... méchante. Au début, cela m'avait rendue malade. Puis, en écoutant les uns et les autres, j'ai compris que c'était assez courant et banal.

Le *pranayama*, respiration consciente, m'a beaucoup aidée, puis j'ai développé le discernement face à ce qui s'était passé : mon frère, étant l'aîné, ne supportait pas de partager la vedette. Il a fait, à 2 ans, une crise d'anorexie, s'est ensuite fait renvoyer d'une maternelle à 4 ans, puis en primaire et enfin en secondaire.

D'autres nombreux signes de son aversion à mon égard ne m'ont pas ouvert les yeux ! Il me revient à l'esprit une anecdote autour de mes huit ans : la seule fois où ma mère m'a donné une fessée. Il m'a tenu les pieds pour que je ne bouge pas, en riant tout content.

À l'adolescence, malgré ses 400 coups, mes parents n'ont rien modifié à leur comportement, ni entamé l'ombre d'un dialogue. Quoique Petrus fasse, notre père était à ses pieds. Quant à moi, qui ne posais aucun problème, mon père m'ignorait. J'ai souri toute mon enfance et adolescence, pensant qu'ainsi je serais aimée. C'était dans ma nature profonde... La gentillesse a failli m'étouffer.

J'ai mis longtemps à comprendre que cette attitude, plus le fait que je travaillais bien en classe alors que lui glandait, l'horripilait. Pourquoi n'ai-je pas cherché à comprendre ce que cachait son humour ironique et critique ? Il aurait fallu en parler ensemble, sans se vexer à la première parole maladroite. Ensemble veut dire : lui et nos parents. Mais bon, quand j'en ai pris conscience, j'avais à gérer les conflits avec mes enfants adolescents, mon mari et moi-même. Pas facile d'être sur plusieurs fronts pour participer à crever les abcès. Il aurait fallu le faire avant pour que mes parents s'abstiennent de vanter, devant lui, ma réussite professionnelle, et celle de mon mari alors que Petrus a toujours dépendu d'eux. Il n'était pas seul fautif.

De plus, il aurait fallu dépasser cette notion archaïque de faute. Tout ce qu'il a fait pour me nuire, non seulement je ne lui en veux plus mais le jour où je suis entrée en compassion face à ses vilenies, la paix m'a envahie et la guerre fratricide s'est calmée, un vrai cadeau que je souhaite à tous.

Cela m'a permis de gagner en sérénité sur d'autres plans. Maintenant que les gens m'aiment ou pas m'indiffère.

Je suis gentille quand j'ai envie, neutre quand j'ai envie, désagréable quand j'ai envie, bien que ce ne soit pas mon truc d'être désagréable. Sans états d'âmes. Cet épisode m'a aidée à comprendre que les conflits familiaux ne se résolvent ni par le silence ni en prenant ses distances, mais soit par le dialogue quand c'est possible, soit par la compassion.

Autre exemple dans mon environnement très proche, trois frères, d'âge adulte bien sonné, pour éviter les conflits même légers, ne se voient plus. J'imagine que les tensions restent à l'intérieur de chacun. Dommage qu'ils n'essaient pas de tester l'outil de la compassion.

« Ce n'est pas l'intelligence qui dirige le monde, ce sont les émotions. » (Isabelle Filliozat, médecin psychiatre.)

D'après Élizabeth Roudinesco, psychanalyste, directrice de recherches à l'université Paris VII : « L'être humain est fait de passions, de pulsions de mort et de pulsions de vie, de création et d'autodestruction. Mais le psychisme est un savant équilibre où intervient aussi l'environnement social. La psychanalyse indique au sujet qu'il doit prendre en charge son mal par une connaissance de soi, ne pas vouloir effacer les conflits, les traumatismes, mais les reprendre à son compte dans un but créatif. »

Je crois qu'il serait utile de relire ces phrases quand on est sous tension familiale.

Peu importe de savoir d'où vient la jalousie entre frère et sœur ?

Peu importe de savoir pourquoi certains enfants ne supportent pas que leurs parents, une fois séparés, refassent leur vie ?

Peu importe également de savoir pourquoi certains adultes ont besoin qu'on soit en mal-être pour aller, eux-mêmes vers le mieux-être ?

L'important, c'est de dépasser les états d'âmes et ces attitudes, aidés par la respiration consciente et la compassion. En tout cas, pour moi, ça a admirablement fonctionné ainsi.

« Les émotions perturbatrices sont la base de l'éveil. » dit Pema Chödrön. C'est mon cas. Les émotions perturbatrices ont été à la base de mon éveil. La guerre est à l'intérieur de nous et on ne voit même pas l'auto-sabotage. « Nous avons en nous les semences de la compassion », précise Guéshé Kelsang Gyato. Envisageons de nous y essayer pour éviter un terrorisme relationnel irréversible notamment à la maison qui peut atteindre des proportions sidérantes. Les violences conjugales ont été mesurées par deux chercheurs du Cresge (Centre de recherche économique, sociologique et de gestion).

En 2006 en France, tous les trois jours, une femme est morte dans l'intimité conjugale, a annoncé Catherine Vautrin, ministre déléguée à la Cohésion Sociale et à la Parité soit 113 meurtres (94 femmes et 19 hommes) en neuf mois. L'Observatoire national de la délinquance conclut à une mort tous les deux jours. Sans compter les enfants tués et les suicides qui en résultent. « Fléau qui touche tous les milieux » a précisé la ministre.

Ces cas extrêmes sont à traiter par des spécialistes. Ce n'est pas mon propos ici. Sans partir dans ces cas particuliers, on pourrit parfois le quotidien par de petits faits. De petits faits en petits faits, ça dégénère. C'est de ce quotidien-là, à la maison et au bureau, dont je parle.

Existe-t-il un espace sans conflits ? Je ne pense pas. L'histoire de France en présente des tombereaux. La Bible en regorge. Mon entourage familial et beau familial en a fabriqué des charrettes. Toutes les familles nourrissent des conflits qui, de l'extérieur, paraissent souvent insignifiants. Les humiliations subies pendant l'enfance entretiennent souvent une rage enfantine toute la vie si elle n'a pas pu être évacuée.

Pour mon cas, mon frère n'a pas supporté que je naisse mais mes parents n'ont eu aucune psychologie pour que ça s'améliore et moi aucun discernement pour calmer le jeu. Pourquoi mon frère aurait-il travaillé en classe, puisque mon père lui passait tout ? Pourquoi aurait-il fait des efforts, alors que nous entendions notre père traiter les polytechniciens avec lesquels il travaillait, de personnes auxquelles il manquait l'essentiel à ses yeux, le bon sens ? Étant dans l'industrie automobile, mon père offrait à Petrus des voitures de sport décapotables alors qu'il ne faisait rien en classe et moi qui travaillait bien, rien. Pourquoi n'ai-je rien dit quand ma mère cassait son fils devant leurs amis, le traitant de dangereux parasite, parfois devant moi ?

Comme disent les équipes Toyota de Formule 1 : « Le premier point de la stratégie Toyota quand il y a un problème n'est pas de chercher qui est le fautif, mais de constater le couac et de chercher en Équipe à améliorer. »

Et si on appliquait cette stratégie à la vie de famille ?

Mes parents n'étaient pas des parents. Ils ont été orphelins de bonne heure, n'ont pas été éduqués. Ils ne nous ont pas élevés. Ne revenons pas là-dessus. Dommage qu'à l'époque, j'ai manqué de maturité pour essayer de mettre les choses à plat. Un frère unique, un père, une mère, non divorcés, le dialogue aurait dû pouvoir s'établir. Trop tard ! Mes parents ont disparu, mon frère est parti au-delà des mers.

Cependant, faire le point sur le passé apaise. Ce problème familial, vu par la lorgnette de la compréhension compatissante m'a conduite sur la voie de la paix intérieure vis-à-vis de mon méridional de père, de l'égocentrisme de ma mère, en nourrice ses deux premières années de vie, loin de sa propre mère. Ceci peut expliquer cela.

Mon médecin de famille, mère de quatre enfants, à laquelle j'avais raconté quelques détails, m'a dit plusieurs fois : « Prenez vos distances, mettez des barrières. »

Prendre ses distances ou crever les abcès ? En famille, on utilise plus rarement le doigté, la subtilité qu'au travail. Dommage !

Les bouddhistes disent qu'il faut être dans la communauté – sangha. À la fois, nous avons besoin des autres et à la fois, nous avons peur de nous en approcher, peur qu'ils nous polluent, qu'ils nous gonflent, qu'ils nous influencent. La communauté peut nous nourrir de ses différences. Je dis souvent : « Les semblables ont un rapport facile, les contraires ont un rapport fécond. »

Reagan disait : « Aimez doucement votre ami, demain il sera peut-être votre ennemi. Haïssez doucement votre ennemi, demain, il sera peut-être votre ami. »

« La compassion non violente est la pierre angulaire de toute reconstruction de la société humaine. » (Louis Massignon)

« Manquer totalement de compassion, c'est être inhumain et seul l'homme peut l'être. » (André Comte-Sponville)

S. N. Goenka, industriel japonais retraité, a mis en place une technique d'apaisement personnel dérivant de la compassion. Cet ancien dirigeant de la communauté indienne en Birmanie, est né dans une famille hindoue conservatrice. Depuis sa jeunesse, il souffrait de violentes migraines. Sa recherche de guérison lui permit de découvrir une discipline qui allait beaucoup plus loin que le soulagement d'une maladie physique : *vipassanâ*.

Vipassanâ transforma sa vie. C'est une méditation, sorte de jeûne de l'esprit servant à éliminer le conditionnement antérieur. Il connut le calme en l'accompagnant d'une profonde compassion pour autrui.

Se mettre dans un état de bienveillance a purifié son propre mental.

Puis pratiquer tonglen, qui signifie en tibétain, comme je l'ai dit précédemment : donner et recevoir. Certaines notions méritent qu'on les répète.

La transformation vient de l'intérieur donc, pour s'en imprégner, il ne faut pas hésiter à entendre les choses plusieurs fois. La compréhension est pour certains un prélude à la compassion, pour d'autres dont je suis, partie intégrante.

« Comment acquérir cette vertu, demanda un jour, une journaliste Maryse Choisy au Dalaï-lama :

— essayer, essayer, essayer. Moi-même je me suis exercé pendant de longues années. Pendant quinze ans au moins.

— même pour Mao ?
— même pour Mao. Il est impossible qu'à la longue, il demeure indifférent. »

Quid d'un mieux-être par l'exercice de la compassion ? La compassion est une véritable force. « La compassion est la source de toute croissance intérieure et de toute action positive. » Tarthang Tulku, écrivain tibétain, professeur à Berkeley. Il dit, dans son livre, La quête de l'harmonie : « Nous n'avons pas conscience de la souffrance des autres. D'un côté, nous avons besoin des relations avec les autres, de l'autre, nous élevons un mur pour nous protéger du conflit. Il est rare que nous ayons un véritable échange. »

Dès qu'une tension se crée, j'essaie de désamorcer grâce à la compassion, que ce soit vis-à-vis de mes enfants maintenant adultes, de ma belle-mère et ses gentilles maladresses, de toute ma belle-famille et ses états d'âme et de mes contacts autres. Et dans mon entourage, ceux qui ne procèdent pas ainsi restent comme face à un mur, dans une impasse.

D'après la médecine tibétaine, la compassion dissout l'angoisse.

Les efforts trop intenses de type stress, qui secrètent l'adrénaline, favorisent entre autres l'apparition de l'artériosclérose (rétrécissement progressif et durcissement des parois des artères, occasionnant une hypertension artérielle. L'adrénaline retire le calcium des os. Ce calcium se dépose sur les parois des artères. L'adrénaline accélère le rythme cardiaque, la tension artérielle dilate les bronches et freine la respiration).

Des cas d'insuffisance respiratoire suite au stress, je pourrais en citer de nombreux.

Même sur le chemin, parfois on dérape. Il m'est arrivé et m'arrive de déraper, notamment les jours de fatigue. Je me souviens d'un graphiste américain installé depuis trente ans en France qui ne parlait toujours pas français, et m'a "balancé" un CV de treize pages. Son CV commençait par la description de son physique 1,97 m pour 70 kg, ç'aurait pu être drôle, mais je l'ai ressenti plein de suffisance, et d'un savoir-faire archaïque. Chaque ligne m'agaçait. J'étais dans le jugement. D'accord, j'étais fatiguée, mais j'aurais dû lui parler autrement, comme me l'a fait remarquer une collègue amie qui connaît mes recherches sur la compassion.

De la même façon, le jour où un beau black s'est "soulagé" devant la porte d'entrée de notre immeuble. J'aurais dû lui dire : « Vous êtes beau, bien sapé, alors on attend un comportement du même niveau. »

La compassion, c'est aussi être patient avec les personnes "à côté de la plaque".

Compassion = réceptivité à la souffrance = faire la paix avec les autres.

Il est plus facile de faire la paix avec les autres, quand on est "au calme" avec soi-même.

« La compassion est la meilleure des protections et la source de toute guérison. » (Sogyal Rimpoché)

On est autant dépendant des personnes qu'on déteste que de celles qu'on aime de manière exagérée. Karl Kornfield, docteur en psychologie clinique après cinq ans de formation bouddhiste en Orient, rapporte le récit d'un Cambodgien à un autre : « As-tu pardonné à tes anciens geôliers ?

— Non.

— Alors ils te retiennent toujours prisonnier. »

« Avoir de la compassion, c'est devenir libre » (Kvi Douk Lam Khyer, moine tibétain de la lignée Rigpa.)

« Apprenez à regarder les autres avec compassion. Cela doit être fait non pour les autres mais pour vous-même et votre paix intérieure » affirme madame le Dr Vinod Verma, biologiste indienne et neurobiologiste française.

J'en suis convaincue pour tout ce qui nous concerne de près. Commençons par notre environnement proche.

« La compassion est essentielle au développement spirituel » prône le Dalaï-lama. Cet homme semble tellement épanoui, malgré tous les aléas de son parcours qu'il sert d'exemple pour s'orienter dans cette direction. C'est pareil pour Nelson Mandela. Quels beaux visages empreints de sérénité malgré tout ce qu'ils ont subi. Quels exemples ! Et tant d'autres dont parlent peu les médias, mis sous les projecteurs par Roger Faligot dans son livre *Les Seigneurs de la paix*. D'après ce journaliste d'investigation, les seigneurs de la paix ne passent pas à la télévision, car leur action n'a rien de spectaculaire.

Qui connaît Sean Mac Bride ? Irlandais initiateur d'Amnesty International, deux fois prix Nobel de la paix. Qui connaît le CIDCM (centre de développement international et de gestion des conflits) de l'université de Maryland ? Et l'Human Security Center de l'université de Vancouver en Colombie britannique ? Et les Norvégiens de « Paix et réconciliation » ? Et les savants du club Pugwash etc. ? Leur ambition ? Désactiver les conflits.

Je laisserai à votre réflexion cette citation de Terje Rod Larsen, Norvégien qui a œuvré toute sa vie pour la paix comme de nombreux Norvégiens : « Rencontrez votre meilleur ennemi pour créer la civilisation du vivre ensemble. »

Dans les Yoga-Sutra de Patanjali, chapitre I, sutra 33, il est dit en sanscrit : « Maïtri-karunâ-muditâ-upekshânâm sukha-dukha-punya-apunya-vishayânâm bhâvanâtash chitta-prasâdanam » : l'amitié, la compassion, la gaîté clarifient et apaisent le mental. Ce comportement doit s'exercer indifféremment dans le bonheur et le malheur vis-à-vis de ce qui nous fait du bien comme vis-à-vis de ce qui nous fait mal.

Trois mots clés :
Karuna : compassion.
Upeksa : tranquillité d'esprit – ne pas se laisser investir par la peine des autres.
Prasâdana : sérénité, apaisement.

L'important est de s'exercer en conscience non seulement des limites des autres mais des nôtres. Quand j'ai saisi la chance de m'exercer à la compassion vis-à-vis de ma famille, les fruits de l'apaisement ont été au-delà de ce que j'en attendais.

« Notre survie dépend des autres. Si vous voulez être égoïste, soyez-le de manière intelligente. La manière intelligente d'être égoïste est de travailler pour le bien des autres. » (Sa sainteté Le Dalaï-Lama)
Quel merveilleux bon sens.

Récapitulons :
L'approche du bouddhisme a participé à me recentrer sur des valeurs essentielles éternelles.

Éviter trois poisons : l'avidité, la haine, l'aversion.
Favoriser trois joyaux, sources de lumière : le Bouddha (support-symbole pour se rappeler l'essentiel), le Dharma (ou enseignement), la Sangha (ou communauté).
S'exercer à la compassion.
Cette ouverture a porté mon regard au-delà des horizons visibles, m'incitant soudain à goûter aux énergies invisibles, à creuser du côté de la spiritualité, me rapprochant de mes “racines catholiques”.

Soudain, j'eus envie d'apprendre, ce qu'enfant je n'avais pas été capable d'entendre aux cours. J'ai commencé par acheter quelques ouvrages de vulgarisation : *La Bible pour les nuls* ; *La Bible en un an, une page par jour* ; et d'autres sur les Évangiles. Je suis restée sur ma faim. Pas facile de saisir seule, le sens des paraboles. Comme m'a expliqué plus tard le pasteur Alain Houziaux : « Ma famille était athée. Ayant, à 16 ans, apprécié des passages des Évangiles dans les Thibault de Roger Martin du Gard, j'ai voulu pour la première fois lire la Bible, j'ai trouvé que ça ne racontait que des choses horribles. »

Comment s'ouvrir aux trésors cachés ?

CHAPITRE IV

Quatrième suggestion : Accueil d'énergies, de supports "autres"

Après nos petits exercices de relaxation, pour mieux respirer et détendre les tensions cervicales, nos quelques recherches-jeux pour affiner le ressenti, par un dessin favorisant la concentration en s'amusant, un chant avec toutes les cellules de notre enfant intérieur, une danse de vie légère, puis l'aide de supports pour lâcher-prise des perturbations. Ce serait dommage de s'arrêter là. La quête vers notre harmonie intérieure doit nous inciter à regarder au-delà.

Les personnes que j'accompagne, je les ai senties en manque, un manque indéfinissable. Je leur ai raconté mes recherches que je vous livre ici, étant donné l'intérêt que ces personnes ont manifesté.

Je vous propose donc d'envisager de regarder du côté d'énergies vivifiantes "autres" à travers le parcours que j'ai traversé.

Tout en gardant présentes à l'esprit les grandes lignes du bouddhisme, une soudaine envie de goûter du côté de mes racines chrétiennes m'incita, étant au centre de Paris, à visiter les quelques églises catholiques proches de mon domicile, à la recherche de quelque chose que j'avais du mal à formuler, lieux inspirants, quête de prêches revigorant ma foi :

Saint-Eustache (juste en face de chez moi) église trop imposante pour moi… Saint-Germain-l'Auxerrois, je m'y sens étrangère malgré un admirable retable… Notre-Dame-des-Victoires, émouvante par les innombrables ex-voto sol-plafond… Je suis allée à quelques messes matinales chantées, mais les prêches me laissaient en manque… Saint-Gervais, je n'étais pas prête pour cette ambiance avec toutes ces sœurs en blanc… Saint-Paul, Saint-Merry, Saint-Sulpice, ne m'ont pas inspirée… Saint-Séverin, j'aurais pu m'y recueillir… L'équipe sacerdotale présentée en photo me donnait une impression d'authenticité. Continuant mes visites… j'ai assisté à des offices à l'église de la Trinité… un échange, à mes yeux entre initiés, un peu comme à Saint-Nicolas-du-Chardonnet où j'étais allée aussi, mais ce n'était pas moi. Quant au Sacré-Cœur… branché “adoration du cœur de Jésus” à la limite de l'idolâtrie. La mariolâtrie, la papolâtrie, je n'ai pas envie de me diriger dans cette direction.

En fait, au fur et à mesure, je cernais mieux mon besoin : une soif de prédications qui nourrissent ma foi, une envie de souffle assez fort pour me pousser à les suivre régulièrement.

Ayant confié ce ressenti à ma belle-mère, qui va à la messe tous les dimanches, elle me répondit : « Je n'écoute pas les prêches… » Chacun a son type de quête. Elle, un point de recueillement dédié lui suffit, moi j'ai besoin qu'on m'aide.

Les ecclésiastiques ayant du souffle, j'en ai vus, entendus – Philippe Barbarin, cardinal lyonnais plein de fougue et d'entrain, Monseigneur André Vingt-Trois, archevêque de Paris, Bernard Bro, écrivain, ancien prédicateur de longue date de Notre-Dame – mais, n'ayant pas l'opportunité de dialoguer avec eux, je restais en manque.

Quant aux cérémonies catholiques auxquelles notre famille nous conviait, je les ressentais plus sociales que religieuses. L'assistance semblait s'ennuyer. Pour exemple, une cérémonie de confirmation à St Sulpice à laquelle participait une de nos nièces.

Plusieurs collèges étaient présents, environ trois cents personnes. Je ne sentais pas passer un souffle de vie.

Comme a dit mon mari (qui a servi la messe pendant dix ans) : « Ces gens-là devraient prendre des cours de communication. Ils ne savent pas profiter d'un potentiel d'auditeurs. »

J'avais l'impression que l'évêque qui officiait était une machine ânonnant des textes lus et relus sans aucun enthousiasme. Je me demandais s'il croyait à ce qu'il lisait ?

À notre époque où la plupart des médias sont à contre-courant, où trouver la source où se nourrir ? Et je ne suis pas seule à réagir ainsi quand j'apprends qu'en Italie, on note une vague de "débaptêmes". Voir le site www.abaet.it mis en place par l'association du débaptême. (3 000 à 4 000 par an)

Je décidais d'acheter une Bible... laquelle choisir ? Au hasard, je me suis procuré celle des catholiques : la Bible de Jérusalem.

Depuis j'ai acquis trois autres traductions interprétations : la Bible Segond, celle des protestants, la TOB (traduction œcuménique de la Bible) et la Castellion, édition 2005 d'une version écrite en 1555. Et enfin, Holy Bible mise gracieusement dans les chambres d'hôtels anglo-saxons, à disposition des clients par l'association Gideons International – site www.gideons.org.uk

Cette version anglaise ne se contente pas de présenter les textes mais propose aussi des suppléments utiles aux non-initiés : où s'orienter dans le texte, en cas de peur, de désespoir, de doute, face à la mort, en cas de manque de foi, de doute, de projets de mariage, quand on se sent seul, qu'on vient de prendre sa retraite etc. Comment faire pour prier et cerner l'essentiel, si on a peu de temps, sur Dieu, la mort, le Christ, l'Esprit-Saint, la repentance, etc.

Maintenant quand j'ai un cadeau à faire, j'offre souvent, une Bible et un livre de prédicateur. Plusieurs personnes, élevées dans la foi chrétienne, m'ont fait part de leur étonnement : « Tiens je ne savais pas qu'il existait plusieurs versions de la Bible. »

Pour mon cas, j'ai vite compris que seule, livrée à moi-même, la lecture serait ardue, voire indigeste. En fait, la première personne qui m'a mis l'eau à la bouche pour me plonger dans la Bible est la femme pasteur Lytta Basset. La lecture de son livre *Sainte Colère*, découvert lors d'un stage œcuménique "Yoga et compassion", a été une révélation. J'étais en accord sur tout. Du coup, j'ai éprouvé la nécessité de lire ses autres livres : *La Joie imprenable*, *Guérir du malheur*, *Moi, je ne juge personne*, *Le Pouvoir de pardonner*.

Cette femme pasteur protestante suisse qui a vécu sur plusieurs continents avant de revenir enseigner dans les universités de théologie suisses, a été le moteur de mon virage spirituel vers un protestantisme ouvert, qui me comble. Les pasteurs que j'ai alors eu l'opportunité d'approcher, n'étaient pas enfermés en théologie, ayant des formations complémentaires, scientifique, philosophique, du coup je ne me sentais pas enfermée, mais libre. M'est apparue alors la question : au fait c'est quoi le protestantisme ?

Bien qu'ayant passé toute ma scolarité dans une école "religieuse" catholique, j'étais une sorte d'analphabète de la spiritualité. Ce concept était, pour moi, un mot vide de sens qui ne faisait pas partie de ma galaxie. D'ailleurs, quand ma vie a connu des turbulences, je n'ai pas pensé à m'en nourrir, seule face à mes problèmes, seule avec du monde autour, mais seule.

Ma famille d'origine n'avait jamais été un soutien et ne le serait jamais. Mon conjoint était débordé dans tous les sens du terme... j'ai choisi de laisser mes enfants encore jeunes à l'écart de mes problèmes... De bons amis m'ont permis de m'épancher, donc de m'alléger mais... Sur l'essentiel, j'étais face à moi seule comme tant d'autres.

Enfant, à la maison, je n'avais jamais entendu parler ni de spiritualité, ni de religion. Mes parents n'allaient jamais à la messe. Pourquoi m'ont-ils inscrite au catéchisme ? Ça faisait partie de leur "système social". Communions et confirmations étaient sans doute des opportunités de réunions "amico-socio-professionnelles" pour leurs diverses activités. D'ailleurs à ces évènements, personne ne parlait de Dieu...

Enfant, j'ai "subi" mes cours de catéchisme par obligation. Aucune des catéchèses côtoyées ne m'a mis l'eau à la bouche pour me donner envie d'ouvrir de moi-même un livre ou une Bible pour approfondir. En dehors des "messes obligatoires", pour lesquelles nous devions signer une feuille de présence, je n'ai, jeune, jamais éprouvé l'envie d'y aller de moi-même.

Ma scolarité au sein d'une école religieuse m'avait laissée indifférente au sujet. La seule trace qui m'est restée, vers mes vingt ans, a été mon refus d'épouser mon premier amour car il était d'une autre religion ! Triste manque d'ouverture ! J'ai épousé quelqu'un, "de ma religion", qui, après avoir été servant de messe (en latin) pendant dix ans, n'a depuis, plus mis les pieds dans une église, et ne semble pas prêt d'y aller.

Les quelques fois où, pendant les vacances, j'ai accompagné ma belle-mère à un office catholique en Auvergne, j'entendais des prêches insipides, avec un curé local projetant une image non épanouie, coincé dans la liturgie, débitant des phrases sans aucun ressenti apparent.

À l'époque je m'interrogeais : comment éveiller ma foi avec des théologiens qui ne projettent pas un minimum d'enthousiasme ? Entendre vingt fois de suite : « C'est ma faute, c'est ma faute, c'est ma très grande faute », ou dix fois de suite : « La servante du seigneur », en parlant de Marie, m'ennuyait.

Mon éveil spirituel est venu par le yoga et mes voyages en Extrême-Orient. Au cours de stages, la rencontre de personnes d'une culture spirituelle œcuménique, en l'occurrence Carl Keller, qui après avoir étudié l'Ancien testament en hébreu, le Coran en arabe, les Veda en sanskrit, distillait son enthousiasme.

Mes voyages au Vietnam, Cambodge, Thaïlande, Birmanie, m'ont baignée dans une atmosphère d'une intense spiritualité. Les populations croisées projetaient une sérénité irradiante. Je reçus alors l'appel de me ressourcer aux deux mille ans spirituels de ma tradition, d'en resituer les grandes lignes même très succinctement [2].

La Bible, patrimoine de l'humanité, a été sous forme de texte en continu en rouleaux les cent premières années, structurée en chapitres vers 1200, puis en versets seulement vers 1550. Lire la Bible, c'est accepter d'être dépaysé par deux mille ans de christianisme en dépassant toute lecture “naïve”.

L'idéal, ai-je appris depuis, en suivant quelques ateliers séminaires, est de le faire par gorgées qui se distillent peu à peu dans tous nos tissus comme un bon vin.

« L'homme a une dimension spirituelle qu'il a occultée » rappelle le rabbin Jacques Ouaknin : « le Talmud n'est pas un texte figé, mais un texte vivant aux mille facettes. Les mots hébraïques ayant un double sens, un sens littéral et un sens symbolique. Le judaïsme envisage une relation personnelle et directe avec Dieu. »

À mon sens, il en est de même pour les autres religions L'expérience spirituelle de chaque être est unique, car lui-même est unique donc chacun a son cheminement.

Les commentaires de Lytta Basset, sur l'histoire de Caïn et Abel, m'ont replongée dans mon vécu familial même si personne n'y a tué physiquement personne : « Caïn a tué Abel, car Abel n'a pas su écouter sa souffrance. Caïn n'a pas trouvé de lieu pour sa colère... Il y a bien des manières de tuer et d'être tué... Tuer l'autre (humain ou divin), c'est tuer la relation qui seule fait vivre. »

Ma famille d'origine et ma famille de “mariage” n'ont pas su écouter la souffrance des membres de leur famille. Quand des problèmes sont apparus, les souffrants ont coupé des ponts. Ils ont tué la relation qui seule fait vivre. Personne n'acceptant de faire le premier pas.

---

[2] Voir en fin de partie.

Des frères, des sœurs ne se voient plus par une jalousie disproportionnée, parfois attisée par les parents auteurs de phrases maladroites : ton frère m'a aidé et toi ? Ou... ta sœur réussit ses études et toi ?

Personne n'a eu le courage d'oser le conflit pour vider les abcès. Mon mari ose avec courage. Bien sûr, c'est source de turbulences mais ça assainit !

Accepter d'écouter la souffrance même par un biais maladroit de colère évite de s'enfermer dans une situation inextricable. Pas facile de gérer un conflit émotionnellement sensible.

Étant d'un tempérament pacifiste, j'ai mis longtemps avant d'oser la colère et de la montrer. Je me privais de libération intérieure car j'en voulais aux personnes que je n'osais affronter.

« Utiliser l'énergie de la colère pour réinvestir le terrain de la relation. » précise Lytta Basset. Toute la subtilité est là et demande du doigté, j'ai presque envie de dire du professionnalisme. Je rêverais d'un cours de comportement dans les lycées, une sorte de TCC (Thérapie cognitive et comportementale) traitant du sujet.

Ma prise de recul par rapport au catholicisme est due avant tout au concept de "faute" qui se traduit par la notion du mal digéré plus ou moins de travers. Le ressenti allant de : « Je ne fais rien de mal à qu'ai-je fait de mal ? » Notion qui, à mes yeux, embourbe et n'aide pas à s'élever.

Ma question fut alors : le protestantisme, c'est quoi ? J'ai plongé dans la lecture d'ouvrages de référence, Michel Leplay, Laurent Gagnebin, Raphaël Picon, J. Paul Willaime, Alain Houziaux.

Tenant informés mes enfants de mes recherches spirituelles, mon fils (25 ans) installé à Londres, m'a demandé, compte tenu d'un emploi du temps hyperchargé : « Choisis-moi un seul livre. »

Posant la question au pasteur Gilles Castelnau, avec lequel je suivais quelques cours d'hébreu biblique, il m'a précisé que mes livres étaient complémentaires, mais que s'il ne fallait en lire qu'un, il conseillait *Les Protestantismes*, de Michel Leplay chez Armand Colin.

J'ai envoyé par mail une synthèse de mes lectures à Vincent. Sa réponse : « Merci maman, c'est mon plus beau cadeau depuis ma game boy. »

Pour situer le contexte, sur 6 milliards d'individus, une répartition grossière des religions comptabilise : 1,388 milliard de musulmans, 2 milliards de chrétiens et 811 millions d'hindous. Peu importent les chiffres précis, l'intérêt est dans les proportions.

Les protestants ? Ils sont autour de 600 millions dont 70 millions d'anglicans – 220 millions aux Amériques, 150 en Afrique, précisant que le Nigeria est le deuxième pays protestant du monde, 140 millions en Europe – 70 en Asie, et 20 en Océanie. En France ils représentent 2,5 % de la population.

Le protestantisme contemporain forme un univers extrêmement diversifié et complexe : luthériens, calvinistes, presbytériens, baptistes, méthodistes, quakers, pentecôtistes, évangélistes, etc., en fonction des sensibilités.

« Le Protestantisme est équipé pour des désaccords raisonnables face aux défis du XXIe siècle » (Paul Ricoeur)

Le mot de protestantisme date de la diète de Spire, en avril 1529. Des princes et magistrats allemands demandèrent à l'empereur Charles Quint, le droit de maintenir la Réforme : « Nous protestons devant Dieu. » Le sens étymologique le plus exact du verbe protester est témoigner devant, témoigner de et non pas protester contre selon un usage ultérieur courant.

Tout en vous épargnant l'historique, je ne résiste pas à l'envie de préciser que dès le XVIe siècle, les femmes y sont prédicantes. Actuellement, on compte 20 à 30 % de pasteurs femmes. Vous comprendrez que j'y sois sensible. L'esprit est de s'orienter vers une liberté d'obéir à une conscience conforme à la parole de Dieu. Car la Réforme est à réformer sans cesse par définition.

Trois constantes : l'Écriture sainte de la Bible, seule source autorisée pour la foi, la conception démocratique de la communauté et l'engagement séculier ouvert à la modernité.

« La liberté reste une conquête permanente » précise Michel Leplay.

En réaction à une conception très cérébrale de la foi, se dessine peu à peu un protestantisme plus vécu que pensé, plus expérimenté que démontré. Le protestantisme s'est ainsi diversifié en plusieurs courants spirituels.

La prévalence de la vie chrétienne sur la théologie : l'Armée du Salut est créée en 1878 pour rapprocher l'église de la classe ouvrière dans 83 pays. « Il n'y a pas de bénédiction possible si on a froid aux pieds. » – Soupe, Savon, Salut.

La faculté de théologie protestante de Paris est inaugurée en 1879 par Jules Ferry : « Le protestantisme a été dans l'histoire moderne la première forme de liberté. »

Dans les académies, l'enseignement est pluridisciplinaire : lettres, sciences, philosophie, droit, médecine.

Le protestantisme participe au Conseil œcuménique des églises. « Ma paroisse c'est le monde » (John Wesley). Christianisme de parole, de lecture, d'écoute et non d'image et de représentation. Une conception qui donne la priorité à la personne croyante sur la communauté "surveillante".

Constante nécessité d'une critique réformatrice, la protestation allant de pair avec un projet éducatif, des individus responsables à constante autocritique. Découvrant dans la Bible la notion de salut par la grâce, les Réformateurs en ont promu la lecture. La Bible est la source première : antériorité historique et primauté d'ordre spirituel. Entre le lecteur de la Bible et Dieu ne s'interpose plus désormais l'écran d'autorités religieuses.

Une Bible se doit d'être interprétée. Elle comporte deux grandes parties :

- L'Ancien Testament (alliance entre Dieu et Israël), écrit en hébreu, concerne l'histoire et la religion du peuple d'Israël.
- Le Nouveau Testament (rapporte la parole de Jésus Christ), rédigé en grec, parle de la personne et du message de Jésus, issu du peuple juif, né et mort en Palestine.

L'Église réformée est une école. Elle trouve sa finalité dans l'enseignement de la parole. Elle enseigne non pas une Bible d'antiquaire mais une parole pour aujourd'hui qui irrigue l'existence humaine par des paroles provocantes.

La robe noire du prédicateur est un habit correspondant à un grade universitaire et non pas liturgique.

Des sept sacrements retenus par le christianisme (baptême, cène, confirmation, pénitence appelée maintenant réconciliation, extrême-onction, ordination des prêtres, mariage), seuls le baptême et la cène sont retenus par les protestants. Ceci n'empêche pas de demander une prédication pour un mariage ou une cérémonie suite à un deuil.

Les pasteurs proclament l'Évangile, l'administration des sacrements, le catéchisme, l'étude en groupe de la Bible.

Le système catholique est pyramidal. Le système protestant presbytérien part de la base. Le protestantisme prône la simplicité pour retrouver l'essentiel.

Leur univers est polycentrique (Genève n'est pas Rome) et pluriconfessionnel tout en possédant une certaine unité :

- Les baptistes ne baptisent pas les enfants.
- Les méthodistes, avec John Wesley, sont respectueux d'un principe hiérarchique – dans cette tendance, William Booth

créa en 1878 l'Armée du Salut qui se consacra à l'évangélisation et à la lutte contre la misère sociale.

- Le mouvement pentecôtiste apparut au début du XXe siècle. Il insiste sur les dons du Saint-Esprit manifestés et reçus à Pentecôte avec des éléments empruntés à la spiritualité afro-américaine : oralité, témoignages, chants dans un registre très émotionnel. Le baptême dans le Saint-Esprit complète le baptême de l'eau.

Le monde protestant est un monde de débats et de controverses, allant d'une Église de type institutionnel (Église réformée de France) à une Église protestante de type associatif se déclinant en fédérations d'églises locales.

Il existe plusieurs structures internationales :

- L'Alliance réformée mondiale.
- La Fédération luthérienne mondiale.
- L'Alliance baptiste mondiale.
- Le Conseil méthodiste mondial.
- L'Association pentecôtiste mondiale.
- Le Conseil œcuménique des églises.

Avoir croisé sur mon chemin le pasteur Alain Houziaux, ses livres et ses prédications, a été pour moi une chance. S'appuyant sur la Bible de Louis Segond de 1910, ses commentaires sur les paraboles ont fait mes délices. Il met une telle fougue pour transmettre le souffle de vie spirituelle qu'à chaque fois ma foi en est sortie ragaillardie, revigorée. Pour y voir de plus près, consulter le site www.eretoile.org

Pour lui, la Bible est « Un outil en relation avec cette énigme que j'appelle Dieu qui me permet d'exprimer ce que je sens confusément en moi d'intuition religieuse et mystique. Chacun choisissant son angle de lecture. »

Les quelques cours d'hébreu biblique que j'ai suivis, m'ont montré la complexité de la langue. Les mots étant accolés les uns aux autres, j'ai pris conscience que traduction est égal à interprétation.

Prenons l'exemple en anglais de "godisnowhere", avec l'idée que les mots soient accolés. Il y a deux possibilités : soit couper ainsi : *God is nowhere* (Dieu est nulle part), soit *God is now here* (Dieu est ici maintenant). Ce qui change tout.

De plus les mots ont plusieurs sens, pour exemple : en hébreu *natam* peut signifier être désolé et consoler. Pour le Nouveau Testament, en grec, *poneros* peut signifier le malin, malédiction ou malheureux, etc.

C'est pourquoi le pasteur Louis Pernot, également pasteur de l'Église réformée de l'Étoile, conseille de lire une Bible dans une version sans commentaires, pour ceux qui n'ont ni le temps ni l'envie d'apprendre le grec et l'hébreu, et de laisser vibrer son propre ressenti. Il préconise le rythme d'une page par jour du Nouveau Testament (300 pages environ donc sur une année) et un psaume par jour. Prendre son temps et laisser infuser est son conseil.

J'en suis là. Lire ma page quotidienne me détend de façon indescriptible.

Je m'abreuve cependant de livres de prédicateurs, gardant près de moi la Bible Segond pour être à la source des références citées. Rares sont les livres qui précisent à quoi correspondent les abréviations des textes bibliques cités en référence – au début, j'ai "pataugé". Par exemple, un commentaire sur un passage de la Bible indique Mt 11,12-16. Je ne comprenais pas ce que cela voulait dire. En fait cela signifie Évangile de Mathieu chapitre XI, versets 12 à 16. ou Jb 3,5 signifie Job chapitre III, verset 5. Le premier chiffre correspondant au chapitre, le second au verset dans le chapitre.

L'Ancien Testament a trente-neuf parties, il est composé du pentateuque, des livres historiques, poétiques et prophétiques.

Le Nouveau Testament a vingt-sept parties, il est composé des Évangiles, des épîtres de Paul, des épîtres catholiques et de l'Apocalypse. Donc les abréviations correspondent à :

Pour l'Ancien Testament :

Pentateuque – Gn = Genèse, Ex = Exode, Lv = Lévithique, Nb = Nombres, Dt = Deutéronome.

Livres historiques – Jos = Josué, Jg = Juges, Rt = Ruth, 1S = Premier livre de Samuel, 2S = Second livre de Samuel, 1R = Premier livre des Rois, 2R = second livre des Rois, 1Ch = Premier livre des Chroniques, 2Ch = Second livre des Chroniques, Esd = Esdras, Né = Néthémie, Est = Esther.

Livres poétiques – Jb = Job, Ps = Psaumes, Pr = Proverbes, Ec = Ecclésiastique ou Qohéleth, Ct = Cantique des Cantiques.

Livres prophétiques – Es = Esaïe, Jr = Jérémie, Lm = Lamentations, Ez = Ezéchiel, Dn = Daniel, Os = Osée, Jl = Joël, Am = Amos, Ab = Abdias, Jon = Jonas, Mi = Michée, Na = Nahum, Ha = Habacuc, So = Sophonie, Ag = Aggée, Za = Zaccharie, Ml = Malachie.

Pour le Nouveau Testament :

Les Évangiles (signifiant bonne nouvelle) – Mt = selon Mathieu, Mc = selon Marc, Lc = selon Luc, Jn = selon Jean, Ac = Actes des Apôtres.

Les Épîtres de Saint-Paul – Rm = aux Romains, 1Co = Première aux Corinthiens, 2Co = seconde aux Corinthiens, Ga = aux Galates, Ep = aux Ephésiens, aux Philippiens Ph = aux Philippiens, Col = aux Colossiens, 1Th = première aux Thessaloniciens, 2 Th = seconde aux Thessaloniciens 1Tm = première à Timothée,

2Tm = seconde à Timothée, Tt = à Tite, Phm = à Philémon, Hé = aux Hébreux.

Les Épîtres catholiques – Jc = de Jacques, 1P = première de Pierre, 2P = seconde de Pierre, 1Jn = première de Jean, 2Jn = seconde de Jean, 3Jn = troisième de Jean, Jd = de Jude.

Apocalypse de Jean – Ap = apocalypse de Jean.
Apocalypse signifiant révélation.

La Bible œcuménique contient en sus une dizaine de livres postérieurs appelés deutérocanoniques et parfois apocryphes.

Je ne peux m'empêcher de terminer ce court chapitre sur le protestantisme sans citer quelques passages d'un merveilleux livre de Raphaël Picon, *Tous théologiens*, qui résume bien l'esprit d'un protestantisme ouvert...

« Être athée, c'est réduire Dieu à son propre discours. Lire la Bible, c'est accepter d'être dérangé, c'est lire des histoires d'hommes et de femmes qui vivent une expérience forte avec Dieu : Abraham, Sarah, Jésus, David, Paul. En lisant ces textes, témoins d'expériences de foi, nous pouvons être stimulés, agacés, bouleversés. Ce réservoir d'expériences nourrit notre théologie. Ce n'est pas la Parole de Dieu, elle est porteuse de la parole de Dieu. L'une des visées de la lecture est de nous mettre à distance de nous-mêmes. »

Au cours de ma formation à l'École française de Yoga, une de nos professeurs nous lisait toujours en fin de cours de hatha-yoga (donc cours de postures) un court passage de livre qui l'avait marquée, et souvent j'achetais le livre pour le lire en entier.

M'étant ensoleillée grâce au support biblique et les explications de ténors d'une spiritualité ouverte

Lytta Basset, Alain Houziaux, Marc-Alain et Jacques Ouaknin, Louis Pernot, Alexandre Safran, Florence Taubmann... Je suis cet exemple et livre à mes élèves certains passages de livres qui m'ont éclairée. Parfois, ils me disent se les être procurés.

Récapitulons cette première partie :

A / Détente à la portée de tous

- Expiration par paliers (allonger l'expir participe à détendre notre système nerveux autonome).
- Bourdonnement de l'abeille, bzzzz sur l'expir (évite aux énergies de se bloquer).
- Gym des narines (conscience de la qualité de l'air entrant et de la différence de la qualité de l'air qui sort).

B / Mise en bouche par le ressenti

- Dessiner ronds, rosaces, figures plus ou moins géométriques pour se recentrer.
- Fredonner les voyelles, chanter un mantra pour affiner le ressenti par des vibrations corporelles.
- Danse de Shiva, par la légèreté, prise de conscience d'être partie prenante du cosmos, de l'univers, de l'infini.

C / Libération progressive

- Sourire avec le front, surtout si on est contrarié car refuser de souffrir, c'est refuser de vivre.
- Jeûne du mental, lâcher le jugement, laisser les pensées traverser l'esprit en s'aidant d'un support neutre comme la pleine lune, ou de visualiser la prise d'un équilibre sur un pied.
- Tester la compassion, une véritable force.

D / Accueil d'autres énergies

Par quelques lectures "ensoleillantes" dans une perspective de dépassement, d'ouverture.

« Lorsque vous vous dites indien, chrétien, musulman, européen ou autre, vous êtes violent. Pourquoi ? Parce que vous vous séparez du reste de l'humanité » (Krishnamurti)

« Ce ne sont pas les yeux qui sont aveugles, c'est le cœur, affirme Hesna Cailliau, sociologue, auteur de *L'esprit des religions*, père turc musulman, mère danoise protestante, mari français catholique.

D'où l'intérêt de s'informer pour dépasser le jugement et discerner avec le ressenti.

Histoire de la Bible

Naissance de l'écriture vers 3300 avant J.-C.

1300-1200 av. J.-C. : époque présumée de Moïse, exode.

1010-970 : époque des rois, rédaction des Proverbes.

900- 800 : rédaction du Pentateuque, Samuel, rois...

800-700 : époque des prophètes, psaumes, Amos, Michée, Osée, Isaïe...

Vers 600-500 : Deutéronome, Lamentations, Ezéchiel, Aggée, Jérémie...

200-100 : cantiques, Esther, Maccabées...

Vers 30 : Jésus crucifié.

31-34 : conversion de Paul.

Vers 50 : premiers textes de Mathieu.

51-63 : épîtres de Paul.

64-65 : évangile de Marc.

80-90 : Actes des apôtres, évangile de Mathieu, évangile de Luc.

95-100 : évangile de Jean, apocalypse.

313 : empereur romain Constantin, édit de Milan, le christianisme devient religion d'État.

La Bible est complète au IVe siècle.
1054 : schisme chrétien Occident/Orient.
1535 : première Bible en français à Neuchâtel.
1880 : Bible Segond.
1955 : Bible de Jérusalem.
1975 : TOB (Bible œcuménique).

DEUXIÈME PARTIE

Dépasser les conduites addictives,

EST-CE POSSIBLE ET JUSQU'OÙ ?

Quels que soient les ateliers spirituels auxquels j'ai participé, aucun n'abordait le sujet. Trop de "bien-pensants" occultent ces courants de société qui touchent tant de personnes autour de nous. S'enfermer dans un certain angélisme, n'est-ce pas une gêne pour atteindre l'essentiel ?

Étant branchée hygiène de vie depuis tellement d'années, il me semble utile d'évoquer ces "modes" de vie et de poser les questions : peuvent-ils aider ? soulager ? libérer ? participer à la joie ?

Si l'envie de marcher plus ou moins en dehors des clous nous saisit, autant évaluer les risques. Sans glisser vers le jugement, juger c'est s'étouffer, juste s'essayer au discernement.

Je n'aborde pas ici les addictions de comportement, comme par exemple la sexualité, qui ne peuvent être traités qu'au cas par cas avec des spécialistes.

CHAPITRE I

Tentations de drogues plus ou moins "dures"

Recherche de plaisirs immédiats à moindre effort... ou... ?

« L'homme est devenu esclave de maîtres invisibles » (Jacques Derrida)

On en est tous témoins. Moi-même, soit sous mes fenêtres du quartier des Halles, le soir, soit parmi les réussites les plus pointues du milieu de la finance, comme j'ai l'opportunité de le remarquer.

D'autre part, il me semble utile de cerner un minimum un phénomène de société qui nous concerne tous de plus ou moins près et que les milieux dits "bien-pensants" que je croise lors de stages refusent d'aborder.

Et quand j'entends mon fils dire à son père, un jour de colère : « Prends de la coke, ça changera ta vision des choses. » Je ne conçois pas de ne pas aborder ce sujet relayé par tous les médias.

Tous les pays et toutes les sphères de la société sont touchés : une chaîne de télévision italienne a programmé une émission enquête affirmant : « Un député italien sur trois se drogue. »

Explication : ils les auraient piégés au maquillage. Il est, paraît-il, aisé de détecter la présence de drogue dans la sueur, pour les substances absorbées dans les 36 heures précédant la détection. Précisant : seize députés sur cinquante présentaient des traces de stupéfiants. Pour douze, il s'agissait de cannabis, pour les quatre autres de cocaïne.

Qu'appelle-t-on drogue ?

« Une substance qui au lieu d'être vaincue par le corps, est capable de vaincre le corps et de produire d'importantes modifications organiques et/ou psychiques. » (Antonio Escohotado)

Vaincre le corps peut être utile, alors que penser...

Depuis la nuit des temps, nous refusons de souffrir. Les pères de la médecine scientifique, Hippocrate, Gallien et consorts ont utilisé des plantes, herbes psychoactives capables de vaincre le corps.

Le mot grec pour drogue est *pharmakon*.

Les drogues ont, depuis toujours, été assimilées à un traitement thérapeutique et accueillies favorablement au sein de la communauté médicale. Parallèlement à l'utilisation médicale, il a toujours existé un usage festif pour le cérémonial de fêtes religieuses, rituels de magie, pratiques chamaniques, vaudous et autres, jetant un pont entre le ciel et la terre, brisant les barrières entre l'ordinaire et l'extraordinaire pour atteindre l'extase. Des dérives en ont découlé. Les drogues devenant :

- Des moyens d'insertion comme économie souterraine des cités banlieues désertées par la puissance publique, familles monoparentales, matricentrées... S'y mêlent le refus d'apprendre, le mépris affiché des adultes, du milieu scolaire, une certaine culture de la rue valorisant les petits caïds à la maison, à l'école...
- Des moyens pour repousser ses limites, dans différents secteurs, dont le sport de haut niveau.

- « Aucune sensation de fatigue, même sorti du terrain, j'avais toujours envie de courir » rapporte ce sportif témoin, après absorption de captagon, psychotonique de la classe des amphétamines, dont la commercialisation a été arrêtée en 1993.
- Des moyens pour gérer le stress dans le travail à tous niveaux, et pour affronter les nouvelles contraintes, aller au bout de soi-même, la disponibilité à l'imprévu, la tolérance à l'ambiguïté, le travail flexible non planifié, non sécuritaire, face à des situations non anticipées, face aux nouvelles carrières postindustrielles détachées des ancrages, face aux objectifs multidimensionnels, aux nouvelles hétérogénéités extrêmes du travail... Rien n'étant jamais acquis dans des équipes à géométrie variable où il est demandé de faire ses preuves en permanence, de dépasser ses limites et ses seuils de tolérance aux épreuves. On l'a vu avec les "suicides" de technopoles.

Depuis toujours, non seulement l'homme refuse de souffrir, mais il recherche le plaisir, un plaisir si possible immédiat à moindre effort. Cela va de la voie récréative, festive, jusqu'à l'ivresse à la désinhibition pour libérer des émotions, avec parfois l'envie de sortir de son corps pour fuir une société de maîtrise de soi...

S'ensuivent des dérives vers des plaisirs décalés, défis, éloge d'un certain type de manipulation, émancipation pour un monde social pulsionnel.

La perception du plaisir amalgamant une conjugaison subtile de facteurs biochimiques, psychologiques, socioculturels propres à l'histoire de chaque personnalité...

Le journal *Libération*, un week-end récent, a consacré une double page pour témoigner des dérives occidentales, illustrant son propos par le cas d'"Amsterdam à l'heure Hasch" – sous-titre : "les 400 coffee-shops de la capitale du chanvre" dont je livre quelques extraits. « À quelques pas de la gare centrale, pour les marathoniens du pétard – petit-déjeuner irlandais arrosé d'effluves de pétard proposé au "Pet and breakfast" bondé d'étudiants américains en plein chaos des civilisations, alors qu'à New York fumer dans un bar relève du grand banditisme. [...] Sur un T-shirt on lit "je dis non à la drogue mais elle ne m'écoute pas". [...] Le cannabis est toléré jusqu'à 5 gr, quantité maximale que peuvent vendre les coffee-shops. [...] Jusqu'à 30 gr le consommateur risque une amende, au-delà la prison ferme alors que passer la frontière française avec un gramme est assimilé à un trafic entraînant dix ans de prison.[...] Henk de Vries en 1975 a transformé le sex-shop familial du quartier Rouge en coffee-shop avec dégustation de hasch. Maintenant il en possède cinq dont un dans un ancien commissariat. On fume dans des cellules reconstituées après avoir passé commande à l'officier de garde. Cet espace semblerait être un repère de vedettes du show-biz. De Vries a même prévu un hôtel "le bulldog hotel" [...].

Acceptons de voir que l'Europe, en mal-être, en est là !

Janine Abécassis, dans le livre *L'enfant à l'épreuve de la famille*, nous dit : « Peut-être a-t-on élevé nos enfants occidentaux en enfants rois, leur faisant croire que tout leur était dû, sans leur donner une éducation vers l'effort. Sans leur imposer des interdits, d'où une intolérance à la frustration.

Confinés dans l'illusion de leur toute-puissance, les jeunes ne se heurtent pas à la réalité et risquent de fuir dans l'imaginaire de façon pathologique (drogue, sectes...). Il faudrait les éduquer à l'apprentissage des difficultés. On n'a pas préparé l'enfant à se confronter aux difficultés. »

D'après la direction des Stups, trois millions de français consomment régulièrement du cannabis, au point d'être tentés de poser cette question : « Selon le problème, quelle drogue utiliser ? »

Pour moi, jusqu'à ce que j'habite ce quartier, tout çà était vide de sens, juste assimilé à "danger, pas touche, à éviter". En fait, ce phénomène de société se doit d'être regardé dans les yeux car il peut toucher n'importe qui de notre entourage personnel, mais la question subsidiaire reste : est-ce vraiment dangereux ?

Des tonnes de livres, articles écrits par des médecins, psychiatres, psychologues, chercheurs, ainsi que des expositions à la Cité des Sciences présentent les plantes psychoactives offertes par notre planète, stimulantes ou productrices d'alcool par fermentation : mandragore, belladone, guaranâ, maté, coca, bétel, kat, ergot de seigle, éphèdre.

Pour prendre un exemple : Le *ma huang*, auréolé de son exotisme, (*Ephedra sinensis*, *Equisetina*) est utilisé à la fois contre les crises d'asthme et de bronchite (bronchodilatateur) et pour ses propriétés dopantes, par exemple dans les arts martiaux. Ce produit est devenu sous le nom d'"ecstasy herbal" un produit aphrodisiaque et euphorisant au cours de parties notamment en Grande-Bretagne.

Vu le but de ce livre, j'ai choisi d'éviter de me perdre dans trop de dédales en simplifiant à l'extrême mon constat sur ces sujets complexes pour les non initiés dont je suis, mais je répète qu'on ne peut ignorer.

Je trouve important de regarder les choses de près en tant que parent voire futur grand-parent. Je limiterai donc à un rappel des deux plus importantes familles de drogues : la famille du pavot et la famille du chanvre.

A / Le pavot, sa famille, ses dérivés

Le pavot est une plante cultivée pour ses fleurs ornementales (coquelicot), ses graines, ses capsules aux propriétés somnifères. Son suc fournit l'opium et l'héroïne.

L'opium dont est tirée la morphine (de Morphée, dieu du sommeil – principal alcaloïde de l'opium aux propriétés soporifiques, calmantes ou hypnotiques) et l'héroïne : nom d'un ester de la morphine (ester : corps résultant de l'action d'un acide sur un alcool avec élimination d'eau, utilisé en parfumerie, alimentation et comme anesthésique).

Quant à la cocaïne, c'est le principal alcaloïde de l'opium, un psychodysleptique modifiant l'activité mentale normale, et un psychoanaleptique stimulant l'activité mentale.

À la famille du pavot s'associent donc opium, morphine, héroïne, cocaïne.

La culture est née en Europe et Asie mineure.

B / Le chanvre, sa famille, ses dérivés

Le chanvre est une plante textile à tige droite, à feuilles en palmes, cultivée dans les régions tempérées et subtropicales.

Le chanvre indien produit le kif (mélange de tabac et de chanvre indien), le haschich (en arabe herbe, on mâche ou on fume les feuilles séchées), et la marijuana.

Chanvre en latin se dit cannabis (drogue hallucinogène et aussi superbe matière textile dont le jute).

La culture est née en Chine, dès le IVe millénaire avant notre ère.

Certaines drogues ont des effets hallucinogènes, certaines des effets visionnaires.

Les drogues hallucinogènes induisent une certaine crédulité de la part du consommateur convaincu que ce qu'il voit est en train de se produire (belladone, datura, jusquiame).

Pour les drogues visionnaires (LSD, mescaline, psilocybine : champignon) : « L'usager ne prend pas les visions pour réelles mais comme une occasion d'interpréter une certaine réalité », d'après Antonio Eschohotado, professeur de philosophie et de sociologie à l'université de Madrid.

Dans son livre *Histoire élémentaire des drogues*, ce professeur rappelle que le pavot est mentionné dans des tablettes sumériennes datant du IIIe millénaire avant notre ère.

Un rapide historique montre que ces plantes ont été utilisées de tout temps :

Les hiéroglyphes égyptiens mentionnent le suc de la plante – l'opium – et recommandent son emploi comme analgésique et sédatif.

Homère dit dans *L'Odyssée* qu'il « éloigne toutes les peines ».

En Inde, l'*Arthava Veda* (texte datant de plusieurs siècles avant J.-C.), en prône l'utilisation pour soigner la fièvre, l'ophtalmie, l'insomnie...

Les stimulants végétaux semblaient être utilisés par les nantis par goût, par les pauvres par nécessité.

Hippocrate recommande le jus de pavot pour l'hystérie.

Héraclite – médecin de Philippe de Macédoine, le père d'Alexandre le Grand, l'utilise pour apaiser toutes les douleurs.

Sous l'Empire romain, aux temps des César, on fume du chanvre pour inciter à l'hilarité... et aussi comme thérapie agonique. Le prix de l'opium est contrôlé. En 312, on relève 793 boutiques qui en vendent dans la seule ville de Rome.

L'image de sa consommation est positive alors que celle d'une consommation de vin excessive est négative. La neutralité des drogues s'effondre avec la christianisation de l'empire romain.

Les sorciers, les chamans archaïques, après avoir cohabité un certain temps avec les religions "révélées", sont soudain condamnés, les conduites "relâchées" punies.

La foi chrétienne veut de l'affliction. "La douleur" plairait à Dieu. Des conciles successifs condamneront à mort des droguistes et leurs familles.

Un édit du roi franc Childéric considère « l'utilisation des plantes diaboliques » comme une trahison de la foi chrétienne et dans une de ses lettres capitulaires, Charlemagne dira que l'opium est « l'œuvre de Satan ».

Vers le Xe siècle, quiconque utilise des drogues à des fins thérapeutiques est considéré comme un hérétique en puissance : le droguiste est un magicien. La magie est interdite.

En cinq siècles, l'Europe recule d'un millénaire. Les inquisiteurs catholiques et leurs homologues protestants réussissent à brûler 500 000 personnes et à confisquer les biens de plusieurs millions d'autres.

Ce rapide historique prête à sourire car parfois les drogues sont portées aux nues, pour des raisons diverses, parfois prohibées.

Les premières fissures dans l'idée que la thérapie est du ressort de l'Église apparaissent lors des croisades, qui permettent de remarquer l'efficacité des médecins arabes, dispensateurs de drogues psychoactives.

Avicenne, le père de la médecine arabe utilise l'opium comme euthanasique.

L'expansion rapide de l'Islam répand l'opium comme un "présent de Dieu" alors que l'alcool est interdit et ce, jusqu'au XIVe siècle.

On commence à jeter en prison les ivrognes, et à l'époque de François 1er, il est ordonné de couper une oreille aux récidivistes avant de les bannir. Le paradoxe est que pendant le Moyen Âge et la Renaissance, le clergé, dont les Chartreux et Bénédictins, produit des liqueurs...

À la Renaissance, l'opium lié à d'autres substances (vin de Malaga, cannelle, clou de girofle) est utilisé par tous les grands médecins de l'époque sous le nom de laudanum (Paracelse, Thomas Sydenham). Puis l'opium devient le médicament quotidien de Richelieu, Louis XIV, Ronsard...

La préparation des analgésiques et somnifères ressemble alors aux mixtures de certaines sorcières.

Les maisons royales de Suède, Danemark, Russie, Angleterre et France utilisent des poudres contenant 20 % d'opium.

En Amérique du Sud au XVIIe siècle, la dîme sur le commerce de drogues représente la plus grande partie des revenus des évêques de Cuzco et Lima : coca, maté, cacao, herba nicotiana, guarana.

Puis, la couronne espagnole décide de taxer le tabac. Nous y reviendrons au chapitre des drogues dites plus ou moins "douces".

Cette invasion sous le contrôle de l'Espagne et de l'Angleterre ne laisse pas indifférents les autres gouvernements. Le tsar Michel Fedorovitch ordonne qu'on torture les fumeurs pour leur faire avouer le nom de leurs fournisseurs et qu'on leur coupe le nez. De même pour le sultan Mourad IV.

En 1640, la Chine, la Perse, l'Allemagne décrètent la peine de mort pour les consommateurs de tabac, le pape Urbain VIII excommunie les utilisateurs. Puis, les principaux pays européens décident d'en taxer le commerce.

En 1729, l'empereur mandchou Yun-cheng interdit le commerce de l'opium pour empêcher le troc avec le thé, les épices et la soie. Des luttes terribles s'ensuivent avec les Portugais, Anglais, Hollandais.

Première grande drogue du XIXe, la morphine, l'un des alcaloïdes de l'opium, est utilisée en thérapie par de grands chirurgiens qui, parallèlement, deviennent des morphinomanes, entraînant des célébrités... Wagner, Bismarck... femmes dites du monde, prêtres, prostituées...

Puis, l'héroïne (dialcétylmorphine), découverte à Londres au Saint-Mary's hospital par Wright en 1874 (addiction de deux radicaux acétyl sur la molécule de morphine), cinq fois plus active, est commercialisée en 1898 par la fabrique de colorants Bayer, devenu un géant de la chimie.

« Supprime la peur » disait le prospectus omettant de préciser la dépendance créée.

La "Royal Commission on Opium" britannique conclut en 1896 qu'une consommation d'un à trois grammes par jour n'est nuisible ni à la santé ni au bien-être...

En Extrême-Orient, on l'appelle l'opium du Christ. Environ 5 % de la population chinoise est alors consommatrice, soit un pourcentage vingt fois inférieur aux consommateurs occidentaux de Valium...

La cocaïne, isolée en 1859, présentée comme un "aliment pour les nerfs", aurait été utilisée par Freud, pendant dix ans.

Les anesthésiants, chloroforme et éther, sont aussi employés comme drogue ludique. Guy de Maupassant fut un éthéromane créatif. Mehring et Fisher, découvreurs du Véronal, moururent tous deux d'une overdose de leur propre produit.

Au début du XXe siècle, toutes les drogues sont, dans les pharmacies et drogueries, les médicaments les plus vendus.

En 1914, le tabac est interdit dans douze États américains, bientôt suivi par vingt-huit autres. Puis intervint une croisade menée par Roosevelt contre la drogue et la boisson d'où la loi Harrison réglementant la consommation d'alcool.

En 1930, ceux qui consomment quotidiennement morphine et opium se trouvent dans les couches les plus âgées de la population : des médecins compétents, de bons professionnels et des mères de famille.

La loi "sèche" Harrisson, considérée responsable de la toxicomanie, entraînant le développement du trafic, des trafiquants et du coup des toxicomanes, est abrogée en 1933.

Sont commercialisées de nouvelles drogues, stimulantes du système nerveux (amphétamines, métamphétamines et autres) dont les soldats de la seconde guerre mondiale sont abreuvés.

La phenmétrazine, dans les années soixante-dix, est même préconisée aux étudiants par les médecins de famille avant un examen, notamment en Espagne et en Suède...

Sur le marché, "débarquent" les neuroleptiques, tranquillisants majeurs.

Comme les barbituriques ne sont pas considérés comme des stupéfiants, vendus sans ordonnance dans le monde entier, de nombreuses personnes deviennent des "barbituromanes" sans prendre en compte le risque de surdosage accidentel, ni l'enfer de la dépendance.

Un rapport établit en 1962 que la production américaine de neuroleptiques équivaut à 4000 tonnes d'opium brut alors qu'on importait 200 tonnes d'opium avant la prohibition.

Sédatifs, hypnotiques, opiacés synthétiques soignent les nerfs pendant cinquante ans : péthidine, méthadone, cétobémidone, dextromoramide (trois fois plus actif que l'héroïne), méprobamate (dérivé du pétrole sous le nom de pilule du bonheur – trois ans plus tard, il est établi qu'elle engendre une dépendance plus grave que l'association d'alcool avec les barbituriques).

Ces narcotiques synthétiques, prétendus inoffensifs, sont lancés comme n'ayant pas les inconvénients des précédents en tant que dissolvants d'anxiété et leurs effets de dépendance deviennent évidents.

En 1943, est découvert par un chimiste suisse, le LSD 25 (acide lysergique diéthylamide), drogue synthétisée à partir d'un champignon, l'ergot de seigle.

Sandoz propose aux psychothérapeutes du monde entier un dérivé, le Delysid (stimulant du sevrage des alcooliques – relaxation mentale, libération du refoulé, puis arme de guerre non conventionnelle par la CIA notamment pour la délation et pour l'infiltration d'organisations terroristes internationales et "pour les agents belliqueux non conventionnels").

En 1972, 20 % du corps expéditionnaire américain se serait drogué à l'héroïne.

Recherche... soulagement... plaisir... Des drogues aux médicaments, tout s'interpénètre.

De super-analgésiques apparaissent pour les opérations chirurgicales (fentanyl, parafluorofentanyl). L'amphétamine, stimulant bien plus actif que la cocaïne est distribué dans les pharmacies. Le chanvre (marijuana) s'installe aux États-Unis, venant d'Amérique du Sud et d'Asie.

« En 1977 on a dénombré aux USA, 10 morts par intoxication d'huile de haschich, 310 par méthadone, 2 500 par l'alcool, 2 700 par les barbituriques, 390 par l'aspirine et 880 par intoxication par le Valium » rapporte Antonio Escohotado.

Mais les avis divergent sur les effets de dangerosité des produits absorbés. De nombreux paramètres ne sont pas toujours pris en compte : qualité, dosage etc.

Dans les années quatre-vingt-dix, le marché américain étant saturé, les exportateurs colombiens, péruviens, boliviens se lancent à la conquête des marchés européens.

La cocaïne socialiserait le bien-être, au niveau ostentatoire pour imiter les marginaux. L'héroïne socialiserait le mal-être. Un danger :

l'héroïne de rue de mauvaise qualité coupée à 95 % de lactose, cacao, quinine, borate de soude, mort aux rats ou autre…

Il paraît inévitable, affirment les observateurs, de découvrir chaque année de nouveaux produits : *china white*, *coco snow*, *crystal caine*, *ice*, *crack* (pâte base de cocaïne mélangée à du bicarbonate de soude et à de l'ammoniaque, dont la toxicité est très élevée), le nexus provoquant de mauvais voyages, des transes…

Des expositions régulières sur le cannabis vues par les scientifiques à la Cité des Sciences de la Villette présentent un tableau succinct rappelant les buts de la consommation : ne pas être ringard, être festif, contemporain, changer de planète, et aussi survivre à la dépression, supporter le stress, estomper différentes sortes de douleurs. Trouver de l'aide ou du plaisir sans effort.

Cette plante originaire des contreforts de l'Himalaya est cultivée par l'homme depuis des milliers d'années. Ses fibres servaient à la fabrication des cordages, des papiers ou tissus. Sa résine était utilisée comme remède pour soulager la douleur, les spasmes, les troubles du sommeil.

Le cannabis entre dans la pharmacopée chinoise 3 000 ans avant notre ère.

En Afrique du Nord, son développement aurait été favorisé par l'interdiction religieuse de l'alcool.

Ce serait d'Égypte, à la fin du XVIIIe siècle que l'armée de Bonaparte aurait rapporté le cannabis en France.

Un sénateur UMP de Paris, rapporteur de la commission d'enquête de la Haute Assemblée sur la toxicomanie, a fait un rapport sur le sujet et en a tiré un livre. Pour lui, cette drogue est un autre cancer. Le taux du principe actif psychotrope contenu dans le cannabis "nouvelle formule" (delta 9 THC) serait dix fois plus actif qu'il y a trente ans.

Depuis dix ans, la consommation a doublé chez 66 % des garçons de 18 ans, 56 % des filles.

Selon l'étude, elle serait cinq à six fois plus cancérigène que le tabac, accompagnée de troubles neurologiques parfois irréversibles. En tant que parents, on se doit de cerner ces paramètres.

Le cannabis circule sous deux formes : le shit (résine de cannabis, pâte compacte noire) et l'herbe (fleurs de cannabis séchées).

Le shit se vend sous forme de barrette ressemblant à un demi-carambar avec laquelle il est possible de confectionner de quatre à cinq joints. Il vient d'Afghanistan. Se procurer du shit est facile. Les fumeurs se passent le numéro des petits dealers de quartier qui livrent dans l'heure. L'herbe vient des Pays-Bas.

Il faut attendre 4 à 6 heures pour que les effets disparaissent.

Différencier consommation et abus

La consommation régulière, c'est-à-dire au moins une fois par mois, augmente le risque d'apparition de maladies cardio-vasculaires, de cancers ORL et du poumon. S'y ajoutent des troubles de la mémoire et de la concentration.

Nous ne sommes pas tous égaux devant le risque mais tous les médecins s'accordent pour dire que c'est une drogue "démobilisatrice" sur le plan scolaire et de repli sur soi.

D'après les spécialistes – pour les parents qui posent la question : « Pourquoi fumes-tu ?

Si la réponse est : — Pour me détendre avec mes amis », pas de problème.

Si la réponse est : — Parce que je me sens mal », il est conseillé de consulter avant la dépendance, qui a priori ne toucherait que 10 % des utilisateurs. Mais le problème est le risque de passer à une autre drogue...

Produits à base de cannabis : marijuana, haschich, THC :
Marijuana : mélange de feuilles, tiges, fleurs de cannabis séchées, compressées en plaques brunes. Elle peut être fumée ou prise en infusion (seule ou mélangée à du tabac – faible concentration de principe actif, 2 à 5 %).

Haschich : résine secrétée par les extrémités des fleurs. Peut être fumé – mélangé à du tabac dans un joint. (Concentration du principe actif plus forte, 10 %). Peut être "coupée" avec d'autres substances comme le henné, le cirage, la paraffine.

THC : huile extraite à partir de la résine (concentration du principe actif encore plus forte, autour de 60 %). Très concentré comme le "shunk", variété originaire des États-Unis et Pays-Bas. Une fois inhalé, le THC pénètre très rapidement dans le sang (moins de dix minutes). Du fait de son affinité pour les graisses, il se fixe sur les tissus riches en lipides, c'est-à-dire principalement dans le cerveau.
L'élimination peut durer de deux à trois semaines.
Mais contrairement à l'héroïne qui agit sur les centres respiratoires ou la cocaïne qui modifie les fonctions cardio-vasculaires, il n'intervient pas sur ces fonctions vitales.

Les zones ciblées dans le cerveau par ces produits (hippocampe, thalamus, cortex, cervelet) participent à la régulation de l'humeur, de la mémoire, de l'appétit, de la douleur, des émotions. Comme d'autres drogues (cocaïne, héroïne, ecstasy mais aussi tabac, alcool), le cannabis entraîne la libération dans le cerveau d'un neurotransmetteur, la dopamine. Contrairement à l'ecstasy, il ne détruit pas les cellules nerveuses même s'il affecte leur fonctionnement.

Dès l'âge de 14 ans, 18 % des jeunes français, et 10 % des jeunes françaises en consomment. La France arrive en tête des pays européens consommateurs.

Dans les années 1920, la cocaïne était la drogue des riches, des golden boys, de certains politiciens. En 1924, environ 80 000 cocaïnomanes étaient dénombrés à Paris.

Deux enquêtes de l'Inserm et de l'OFDT confirment l'accroissement de la consommation : doublement en dix ans des usagers d'après le rapport Trend (Tendances récentes et nouvelles drogues) de l'Observatoire français des drogues et toxicomanies. Il faut savoir que les consommateurs de cocaïne ont échappé jusqu'en 2001 aux statistiques de la police et du monde médical.

Plus la consommation démarre à un âge précoce, plus elle serait signe de difficultés personnelles : faible estime de soi, recherche de sensations fortes.

À 12 ans, 66 % ont consommé de l'alcool, 19 % du tabac, 3 % du cannabis.

À 18 ans, 91 % ont bu de l'alcool, 79 % fumé du tabac, 59 % du cannabis.

Le premier exportateur vers l'Europe est le Maroc qui fournit 90 % du haschich saisi en France. La culture est passée en vingt ans de 30 000 hectares à 150 000 selon une étude de l'Unoc (organe contre le crime et la drogue des Nations unies).

L'effet immédiat ? Diminuant les réflexes, la consommation facilite les contacts, mais à long terme provoque bronchite chronique, troubles cardio-vasculaires, troubles nerveux (anxiété, dépression).

La fumée de cannabis contient plus de goudron que la fumée de tabac (50 mg contre 12 par cigarette) et favorise une dilatation des bronches accroissant le risque cancérigène.

Les Pays-Bas, la Suisse, le Canada, l'Australie, une dizaine d'États américains et bientôt la Belgique, en vendent sur prescription médicale. Les effets thérapeutiques (pour glaucomes, antidouleurs, sclérose en plaques entre autres) ont été étudiés sur des échantillons trop réduits pour évaluer le potentiel thérapeutique.

D'après les témoignages cités dans le livre rapport L'intimité des drogues, les effets principaux sont :

Pour l'héroïne, « arrête la pensée quand on est angoissé, par un effet sédatif, apaisant... ».

Pour l'ecstasy, « permet à la sensation de maladresse de disparaître ».

Pour la cocaïne, « apporte une certaine euphorie au début mais l'effet reste éphémère, s'ensuit fatigue et dépression ».

Toujours d'après certains témoignages, la cocaïne :

- Efface l'espace de l'erreur possible.
- Intensifie des sensations comme celles qu'éprouvent les joueurs flambeurs au moment des pertes, développe l'anxiété, fabriquant une superproduction d'adrénaline, d'endorphine.
- Comble les carences d'assises narcissiques à l'adolescence, gommant la recherche de pulsion de mort.
- Aide à explorer de nouvelles sensations comme en témoigne toujours dans le livre dirigé par Mario Sanchez *L'intimité de drogues*, cette élève de Normale Sup qui, un été, a tout lâché, arrêtant d'être raisonnable, faisant l'inverse du discours élitiste de ses parents, essayant tout – l'ecstasy avec la techno ; Prozac, Seropram, Effexor par envie d'aventures extraordinaires, de choses folles et concluant : « Quand j'arrête l'ecstasy, je suis très pessimiste. »

Les produits psychoactifs modifient les rapports au monde extérieur et intérieur.

L'héroïne atteint directement le cerveau, activant des récepteurs opioïdes endogènes et le système dopaminergique, facilitant des pics de concentration lorsqu'elle est injectée. À terme : maigreur grandissante, cernes, ecchymoses, hypersudation, angoisse, douleurs.

La plupart des services de neurobiologie, jusque récemment, se désintéressaient des usagers. Seuls les psychologues se penchaient sur ces personnes qui, d'après les neurobiologistes, mentent aux médecins puis se mentiraient à eux-mêmes.

« Toutes les drogues à risque entraînent une libération de dopamine dans une structure du cerveau » explique Florence Noble, neurobiologiste au département de pharmacochimie de la faculté de pharmacie de Paris V, continuant : « Pas facile d'en sortir sans dérégler... Pas facile d'en sortir sans investissement personnel et relationnel. »

Des déséquilibres prennent place comme la maladie de Parkinson, dégénérescence du système dopaminergique.

La cocaïne sniffée a pris le pas sur l'héroïne injectée car elle apparaît plus festive, moins désocialisante, plus "show-biz" rappelle Didier Drevet, capitaine de police du groupe surdoses de la brigade des stupéfiants.

Recherche de paradis artificiels ou désir de croiser le démon ? Ont témoigné, chacun à sa manière : Colette, Roger Vailland, Cocteau, Michaux, hippies, punks, planeurs, rebelles comme Baudelaire et tant d'autres...

« La cocaïne, drogue récréative, branchée, aide à créer, s'amuser, travailler, s'opposant à son frère jumeau "diabolique", le crack bon marché, et à la pauvreté, mais générant troubles psychiques, instabilité d'humeur, délires paranoïdes » précise la Mission interministérielle de lutte contre la drogue et la toxicomanie.

Les prix ? Ils suivent les évolutions du marché. Le nombre d'usagers réguliers de cannabis ayant doublé en dix ans, le prix a baissé.

On se demande qui peut payer certains produits et on comprend vite que soient proposés des produits "trafiqués" dont la nocivité est difficile à évaluer.

L'évolution va vers une polytoxicomanie avec prise de médicaments, alcool et produits de substitution telle la Kétamine fabriquée avec du kétalar, anesthésique vétérinaire à effet hallucinogène.

En Suisse, l'ISPA (Institut de prévention de l'alcoolisme et autres toxicomanies) annonce qu'en 2002 près de 50 % des garçons de 15 et 16 ans et 40 % des filles ont consommé du cannabis.

Suit la consommation d'inhalants (colles, solvants...)

Sans aller vers un quelconque jugement, le constat qui ressort de ce survol autour des drogues "dures", est que ces produits ont été utilisés souvent au départ pour soulager.

La plupart des équipes médicales ont, au fil des siècles, utilisé ces produits en thérapie pour soulager les douleurs, parfois à titre personnel, pour changer d'état de conscience, à la recherche de sensations fortes avec l'aide de chimistes qui ont créé de nombreuses substances hallucinogènes et aphrodisiaques de synthèse. Rien n'est tout noir d'un côté, tout blanc de l'autre.

Sur le long terme, quel qu'en soit l'usage, une interrogation reste : quel est le prix à payer par le corps ?

Les avis des scientifiques spécialistes sont partagés sur les effets toxiques mais pour la majorité l'héroïne (jamais pure à 100 % et réapparue avec la guerre du Vietnam), la morphine, à la fois excitants et dépresseurs du cervelet, entraînent plus ou moins rapidement un état de dépendance, d'où un risque d'overdose. Le sevrage provoque un syndrome de manque. Cette toxicité aiguë entraîne des psychoses aiguës graves parfois irréversibles. (neurotoxicité, toxicité cardiovasculaire, toxicité rénale, toxicité pulmonaire, amoindrissement des défenses immunitaires, désordres gastro-intestinaux, infection hépatique etc.).

Jusqu'à récemment, on parlait peu des effets dévastateurs, notamment du cannabis, et du "nouveau cannabis" qui contient plusieurs centaines de molécules identifiées dont le D-9-THC, à la fois psychostimulant et psychodépresseur dont les effets perturbent le fonctionnement du système nerveux central, détériore la vigilance, la mémorisation, les capacités psychomotrices. Il se stocke dans les graisses.

Il faut plus d'un mois pour éliminer complètement toute trace de substance après une seule utilisation de ce nouveau cannabis D-9-THC.

Depuis trente-cinq ans, les pouvoirs publics hésitent entre réglementation, légalisation, dépénalisation – des millions de Français reconnaissent avoir tâté du joint.

Actuellement la législation punit le fait de commercialiser directement un usage illicite de stupéfiants de 5 ans d'emprisonnement et 100 000 euros d'amendes.

Si le mineur a moins de quinze ans, 7 ans d'emprisonnement et 150 000 euros d'amende (art. 227-18 du code pénal). Un mineur de plus de 13 ans est responsable pénalement. Etc.

Il existe des centres spécialisés de soins aux toxicomanes (CSST) et des centres de prévention – réseau de policiers PFAD, et réseau de gendarmes FRAD.

La loi du 31 décembre 1970 concerne l'usage de stupéfiants sans distinction entre les drogues dures et douces, sans distinction entre usager régulier ou occasionnel. L'usager encourt un an de prison quel que soit le produit.

Sont concernés 450 000 consommateurs quotidiens, 3 millions de consommateurs occasionnels. On ne peut l'ignorer, on se doit d'en parler.

Depuis dix ans, le CIRC (Centre d'information et recherche cannabique) milite pour la légalisation du cannabis pour éviter l'utilisation de produits frelatés. Ce centre considère qu'il faudrait informer les consommateurs sur la nature du produit. Le CIRC insiste pour différencier consommation et abus. Il conseille de sortir le chanvre récréatif de la prohibition et de responsabiliser chacun.

Pour cet organisme, la politique répressive est obsolète et pratiquée uniquement par la France, le Luxembourg, la Finlande, la Suède.

L'Espagne et la Belgique répriment uniquement l'usage en public.

Reste le problème majeur des trouvailles périodiques de dealers dans le but d'augmenter le poids de leur marchandise et faire davantage de bénéfices. La dernière en date rapportée par la presse : couper la marijuana aux microbilles de verre, en mixant la drogue avec du verre pilé, qu'on asperge ensuite de laque à cheveux. Consommée en l'état, cela provoque de graves problèmes pulmonaires...

Le constat est posé...

CHAPITRE II

Sollicitations de drogues plus ou moins “douces”

Qu’en est-il des plus ou moins douces ? Vin, alcool, tabac, café, thé, chocolat, coca, épices, certains sucres...

Où se situe la frontière entre bienfaits et abus de substances “détente”, “énergétisantes”, “euphorisantes” ?

Les médias mettent souvent l’accent sur les méfaits de certaines “drogues douces”, mais pas sur leurs bienfaits... et c’est dommage.

Qui n’a pas besoin, de temps en temps d’une petite “tonification-plaisir” pour s’aider à avancer ? Le Français est un bon vivant, individualiste, indiscipliné, pas raisonnable. Moi-même, il m’aura fallu des ennuis de santé conséquents, quatre interventions en quatre étés pour en venir à la prévention qui finalement m’a tant apporté de plaisirs nouveaux.

Ici, mon but est de jauger, le plus succinctement possible, ce qu’on risque quand on sort “des clous”. Il ne s’agit pas de juger mais de connaître les risques sans se noyer de trop d’informations “barbantes”.

À chacun de décider si nos “amis” café, thé, chocolat deviendront par surdosage de faux amis. Les drogues d’apparence anodine contiennent des alcaloïdes qui, à petites doses, peuvent avoir un effet bénéfique sur le corps, mais à fortes doses et à la longue, peuvent “piéger” nos résistances...

Nous savons depuis Claude Bernard, que la dose fait le poison. Nous le sentons, mais les envies, les besoins de compensation sont souvent les plus forts.

L'effet euphorisant ou excitant des molécules d'alcool, nicotine, caféine stimule l'activité de nombreux centres de plaisir du cerveau, ce qui explique le pourquoi d'une consommation importante. Ces drogues quotidiennes, en apparence anodines, sont à la portée de tous.

Comment euphoriser nos centres de plaisir sans porter un préjudice parfois lourd à notre estomac, nos intestins, notre foie, notre vésicule, notre pancréas, notre cœur et nos parois veineuses ?

Nous savons aujourd'hui que certains composants de nos drogues douces habituelles se fixent sur des récepteurs du cerveau dopant la fabrication de dopamine. Ils conduisent vers une dépendance à laquelle il est très difficile de renoncer.

Notre cerveau dispose d'un système autorégulateur chargé de limiter la quantité de dopamine secrétée mais l'équilibre est précaire. Et les excès déséquilibrent le savoir-faire de nos glandes endocrines.

À partir de quel surdosage, deviennent-ils de faux amis ?

« Fumer, un enfer délicieux » confesse Philippe Bouvard dans des chroniques du *Figaro Magazine*.

Les addictions au tabac et à l'alcool sont responsables de 60 % des maladies cardiovasculaires.

À l'un de mes contrôles annuels à l'hôpital Tenon, le professeur responsable des chimiothérapies et radiothérapies, qui vérifie la bonne évolution de mon état, m'a confié : « Sans le tabac, on fermerait 70 % des hôpitaux. » Constat peut-être excessif.

Comme le précisent les docteurs Tran Ky et François Drouard dans leur livre *Nos drogues quotidiennes*, les drogues se situent entre plaisir et danger.

Le vin, chant de joie et de fraternité, tuerait en moyenne 40 000 personnes par an en France, quand ces derniers ne deviennent pas aveugles ou paralysés par des alcools frelatés.

Le tabac tuerait, en moyenne en France, 60 000 personnes par an.

Comme nous en fait la confidence dans un bloc-notes du *Figaro Magazine*, le brillant et facétieux Philippe Bouvard dont la verve humoristique me ravit : « À 12 ans, en pleine Occupation, je fumais des rouleaux fabriqués avec des feuilles de marronniers enrobées de papier journal. L'inhalation était atroce. Mais les premières volutes exhalées par mes narines me semblaient d'un enfer délicieux. À 20 ans sous l'uniforme, la République, bonne et méchante fille, m'offrit un paquet gratuit pour parfaire mon intoxication. À 25 ans, pour rien au monde je n'aurai renoncé au havane qui me donnait des hauts le cœur mais qui annonçait urbi et orbi une problématique réussite. J'ai pétuné quinze ans sans relâche et sans le moindre plaisir, uniquement parce que j'avais l'impression de "devenir un homme". Est-ce que je serais parvenu à la même illusion de plénitude avec un chewing-gum ou des bonbons ? »

À quel niveau de dosage, les drogues "douces" font-elles des ravages ? Nous ne sommes pas égaux face aux risques. Les substances stimulantes ne frappent pas au hasard. Elles agissent de façon sélective au niveau de certaines régions précises du système nerveux central. Le bulbe rachidien subit, le premier, l'effet de drogues ingérées : respiration, rythme respiratoire, fréquence cardiaque, lobe frontal, système limbique (centre de l'émotion) perdent soudain leur harmonie fonctionnelle.

À l'état normal, le fonctionnement de nos systèmes de plaisir est en majeure partie assuré par les enképhalines et endorphines naturellement produites par le cerveau.

L'homme est avant tout un être de désir partagé entre ses innombrables inclinaisons et aversions. Celui qui recourt à l'euphorie chimique semble croire qu'il tient un pouvoir de conjuration pour se libérer des limites imposées par le carcan socioculturel, travail et vie de famille "aux normes".

Les drogues même "naturelles", en intensifiant le plaisir, épuisent les circuits nerveux.

Aucun animal dans la nature ne cherche à se droguer car il vit par le sensoriel, mais nous, trop par l'intellectuel. D'ailleurs, le Tsunami de 2004 a tué 300 000 humains et combien d'animaux ? Aucun, semblerait-il.

Recentrons-nous sur le sujet et commençons par le vin et l'alcool : notre pays détient le triste record mondial de consommation d'alcool. Deux millions d'éthyliques ingurgitent, chacun chaque jour, plus de deux litres de vin.

« Le buveur est bu par l'alcool » disent les bouddhistes. « Nos adolescents sont de plus en plus touchés » rappelle le docteur Michel Craplet du Comité national de défense de l'alcoolisme.

Les moins de 25 ans, tous milieux sociaux confondus boivent beaucoup plus d'alcool fort dans un but affiché : la recherche d'ivresse, d'après l'alcoologue Jean-Paul Jeannin. Depuis quinze ans, le nombre d'accros à l'ivresse a augmenté de 30 % dans cette tranche d'âge. Aujourd'hui on ne boit plus à table, on se défonce à la bière ou aux alcools forts le samedi soir. Dans les milieux difficiles, on voit des enfants de 9-10 ans prendre des cuites à la bière... parfois jusqu'au coma éthylique.

D'après l'imaginaire collectif, l'alcool est un produit associé à la fête, au plaisir. L'alcool est symbole d'entrée dans le monde adulte et facteur de socialisation. L'alcool nourrit et anesthésie le cerveau. L'éthanol ravage les membranes internes et externes de nos cellules et perturbe les échanges d'eau, sels et autres substances nutritives. Il aide la cellule nerveuse avant de lui nuire, bloquant l'action des neurotransmetteurs. D'où perturbations sensorielles, neurologiques, comportementales.

Tous les organes sont peu à peu, plus ou moins atteints par l'intoxication alcoolique. Les personnes exerçant des métiers pénibles, pesants, stressants sont les premiers touchés.

Certains cas interpellent : dans l'entreprise où j'étais précédemment, notre chauffeur livreur me confiait que son emploi précédant consistait à livrer de l'essence. Il habitait alors en Bretagne. Les responsables de distribution d'essence lui proposaient tous un café calva. Dix livraisons par matinée égalaient donc à dix cafés calva...

Dans un grand hôpital du Nord de Paris, un des responsables administratifs, ami d'enfance de mon mari, m'a confié que certains chirurgiens étaient fins saouls dès 8 heures du matin, etc.

Quand l'éthanol devient une drogue, les canaux ioniques, sortes de barrières de sécurité du corps, sont perturbés et ne peuvent assurer le transit des sels minéraux. Le potassium fuit. Mais, s'arrêter de boire déséquilibre les ions de calcium, etc. D'autres déséquilibres se créent avec certaines substances azotées des cellules nerveuses agissant comme pour la morphine. La stabilité chimique du liquide céphalorachidien, du liquide interstitiel, et des plexus choroïdes (reins miniatures) des cellules gliales n'est plus assurée.

D'après une enquête régulière auprès de 18 000 jeunes, l'OFDT (Office français des drogues et toxicomanes, Jean-Michel Costes directeur), et la Mission interministérielle de lutte contre la drogue et les toxicomanies, affirment que, pour les 17-18 ans, l'usage de l'alcool est en hausse. Nos jeunes, poussés par la stratégie marketing des marques (bière forte, vodka bière, rhum whisky mélangé à de la limonade) se sont mis aux boissons alcoolisées sucrées les “alcopops”. Les boissons très alcoolisées étant masquées par des ajouts sucrés très aromatisés comme *Smirnoff Ice*, pastis en canette. (La dernière génération de bières “8.6” (taux d’alcool 8°6) bon marché, provoquerait rapidement une défonce).

Les accros fument souvent aussi du cannabis.

« De jeunes alcoolodépendants (entre 12 et 17 ans), polyconsommateurs qu’on ne voyait pas il y a cinq ans », précisait ces derniers temps le Dr Éric Hispard, responsable du centre Cap 14, à Paris. Ces personnes sont soit issues de familles de cadres dans des milieux où la compétition est en règle, soit issues de milieu rural et cherchent à tromper l’ennui.

D’après des éducateurs de milieux désociabilisés, ils ne se rendent pas compte des risques qu’ils prennent.

Je ne vais pas partir dans un cours sur l’alcoolisme, sur comment évaluer sa propre alcoolémie ?

De nombreux sites tels www.simu-alcool.com permettent de tester ses limites.

En résumé, en France le taux autorisé pour conduire un véhicule est de 0,5 gr par litre de sang ce qui correspond pour une femme de 60 kg à deux verres d’alcool (après deux verres, tout s’accélère) et pour un homme de 75 kg, un peu plus de trois verres standards. Tout dépend du sujet – état général, quantité, degré alcoolique.

Des témoignages de cas cliniques montrent où peuvent conduire les excès dans *Au-delà des maux*, du Dr Jérôme Palazzolo.

Et le tabac ?

Fléau, paraîtrait-il, plus terrifiant que le tabac. Il tue cinq personnes par minute dans le monde (2,5 millions de personnes par an...) : cancer des lèvres, amygdale, langue, pharynx, poumon. Le rythme cardiaque d’un fumeur augmente de dix battements par minute. La paroi des artères rétrécit. 25 % de la nicotine inhalée pénètre le cerveau, le reste allant à l’assaut de tous les organes, tissus, cœur, vaisseaux, provoquant artérite, varices, bronchite chronique... entre autres.

Et pourtant la nicotine améliore les facultés d'attention et la mémoire, d'après le laboratoire de neurobiologie de l'apprentissage de la mémoire et de la communication à Orsay. L'effet euphorisant de l'acétylcholine, neurotransmetteur, stimule l'activité mentale et encourage le travail des glandes surrénales (surnommées glandes du stress). Mais la nicotine crée une dépendance : un neurobiologiste Jean-Pol Tassin, directeur de recherche à l'Inserm (Institut national de la santé et de la recherche médicale) a mis en évidence que l'addiction au tabac se fondait sur la perturbation de trois neurotransmetteurs (noradrénaline, dopamine et sérotonine) liés en fait à notre émotionnel pour parler simple. Le processus de dérégulation de cellules nerveuses gérant ces neurotransmetteurs est à l'étude. Il étudie actuellement comment rétablir le couplage entre ces différents types de cellules (sujet très complexe et dépendant de chaque individu).

Sachant les risques encourus écrits en toutes lettres sur tous les paquets, ne faudrait-il pas mieux rester en dessous d'un seuil de consommation excessif ? Et éviter également de recourir aux produits de sevrage tabagique, type Zyban ou assimilés ? Le Comité des spécialités pharmaceutiques (CSP) de l'Agence européenne pour l'évaluation des médicaments (EMEA) a établi les effets indésirables de certains sevrages selon les individus : convulsions, réactions cutanées, troubles neurologiques éventuels.

Et le café ?

Boire du café, si on ne dépasse pas trois tasses par jour, affirment les chercheurs de l'université John Hopkin qui ont étudié cette substance pendant vingt-sept ans, est intéressant par la teneur en protéines végétales (gluten que certains allergiques ne supportent pas), c'est-à-dire acides aminés, fer, magnésium, phosphore, calcium, soufre, vitamines PP. Mais comme pour les autres drogues douces, il existe des risques de surdosage. Le surdosage, d'après l'université John Hopkin, accentue les risques d'accidents cardiovasculaires, et l'acide oxalique en excès favorise la formation de cristaux : goutte, calculs rénaux. Le seuil de tolérance variant comme toujours, selon les individus.

Et le thé ?

Le thé est également une substance très intéressante en quantités raisonnables. « Théine et caféine, une seule substance », disent les spécialistes. Une tasse de bon café ne contient que 0,05 gr de caféine, une tasse de thé en cache le double. Le thé est deux fois plus fort que le café. L'intérêt ? Il contient du sodium, phosphore, potassium, fluor, magnésium, des vitamines B, PP, C, qui aident à fixer les autres vitamines, favorisant la production d'hormones dans les glandes comme les surrénales, l'hypophyse, la thyroïde. Il améliore le travail du tube digestif, reins, muscles, artères. Les alcaloïdes (théophylline, caféine) font relâcher les fibres musculaires des bronches. L'action du thé apparaît lentement et se prolonge dans le temps.

De nombreux nutritionnistes en reconnaissent l'intérêt nutritionnel, notamment du thé vert. Personnellement, j'en bois avec plaisir, souvent, deux tasses par jour, une dans la matinée, une dans l'après-midi.

Et le chocolat ?

Cette substance contient une cousine de la caféine, la théobromine, alcaloïde principal du cacao. Le chocolat noir en contient de fortes doses, et serait à déconseiller aux enfants. Personnellement, j'adore le chocolat noir, les mousses au chocolat noir recette Montignac (avec des zestes de pelure d'orange, délicieux !), et les sablés au chocolat.

Deux carrés atteignent le cerveau en douze minutes. Une trop grande quantité provoque une sorte d'inondation chimique qui épuise le cerveau, et dérègle notre digestion. Pas facile de rester raisonnable... c'est tellement bon.

Le chocolat contient notamment du fer, cuivre, zinc, des vitamines A, E, D. À dose minime, il interviendrait dans l'harmonisation fonctionnelle des circuits régulateurs du cerveau.

Et le coca ?

C'est une drogue plus ou moins douce. Sigmund Freud essaya les effets stimulants de ce produit sur le cerveau, suivi par un chirurgien américain William Halsted, qui se laissera piéger par la cocaïne pour surconsommation.

Un pharmacien français Mariani inventa un bordeaux tonique contenant des feuilles de coca puis il vendit sa recette à un confrère américain Pemberton – qui le baptisa "vin français de coca, le tonique idéal". Ainsi naquit le Coca-Cola.

Ma vie professionnelle de jeune célibataire dans la pub, et ma vie "off" étaient des plus trépidantes. Certains soirs, exténuée, j'hésitais à sortir. Poussée par les copines, même les jours de grande fatigue, un "long drink" me remettait sur orbite de façon très efficace avant une soirée : un grand verre de coca-cola dans lequel je versais une dose de whisky, et un glaçon pour le petit bruit festif "gling gling" contre le verre. Après, quelques petites gorgées voluptueuses, allongée sur le lit, la tête côté bas du lit, calée contre un oreiller, pieds à la verticale appuyés contre le mur, en un quart d'heure, la forme revenait.

Et les épices ?

Dans mes précédents livres et notamment dans *Retrouver l'énergie*, en poche chez Pocket, j'ai rappelé les propriétés et donc l'intérêt de nombreuses herbes aromatiques et épices par leur richesse en nombreux minéraux et vitamines (fer, magnésium, vitamine C...). Fête des odeurs et des couleurs, ils rehaussent les mets et sont acaloriques. Personnellement, je saupoudre de curcuma et basilic tous mes plats ou presque, des salades composées aux légumes cuits.

En résumé

Les effets des drogues dites douces divisent les spécialistes en deux grands courants qui s'affrontent depuis longtemps. Constituants naturels de protéines pour les uns, agents suspects pour les autres, menaçant l'équilibre chimique des cellules. Tout reste question de dosage. Le seuil de tolérance variant d'un individu à l'autre.

Le vin possède une palette somptueuse de micronutriments – phénols et polyphénols.

Le thé est la boisson la plus riche en polyphénols : fluidifiant du sang et anti-inflammatoire.

Le café améliore digestion et concentration mentale, mais la caféine allant vers le système limbique émotionnel, le sevrage, en cas de surdosage, peut induire un manque difficile à gérer.

La "domestication" du "monstre nicotinique" ouvrirait un domaine thérapeutique prometteur pour une douzaine d'affections dégénératives du cerveau (maladie de Parkinson, Alzheimer, dépression, schizophrénie, névrites).

En cas de surdosage, le cerveau s'intoxique avec ses propres neurotransmetteurs qu'il n'arrive plus à maîtriser.

À chacun selon son bon sens, c'est ce que je réponds aux élèves qui me posent la question.

CHAPITRE III

Compensations, soulagements "plus ou moins provisoires"

Le domaine des stimulants, antidépresseurs ou autres aides médicamenteuses est complexe. Je l'évoque quand même, compte tenu du nombre de personnes stressées ou déprimées. Il est difficile de ne pas s'interroger sur ce sujet très délicat. Même s'il est nécessaire, bien sûr, que cela soit vu avant tout avec un médecin spécialiste.

De tempérament, je pense qu'il est plus sain, voire positif d'oser aborder les problèmes.

Une étude de la DREES (Direction de la recherche, des études, de l'évaluation et des statistiques), indique que la dépression toucherait chaque année plus de trois millions de Français (autant que de consommateurs de cannabis...).

D'après le centre de recherche du sommeil de Standford et le professeur Guilleminaut, les Français sont devenus les plus grands insomniaques de la planète, préférant la pilule miracle à des exercices physiques adaptés à l'âge, sans penser aux effets secondaires éventuels.

15 millions d'entre nous prennent fréquemment des tranquillisants.

Chaque époque a sa maladie. Avant c'était la tuberculose, maintenant c'est la dépression. En France, il y a 160 000 tentatives de suicide par an et 13 000 à 14 000 morts par an. Chaque année, 3 000 victimes de plus que par les accidents de la route... C'est la deuxième cause de décès chez les 15/34 ans. 1 000 adolescents de 13 à 18 ans se suicident chaque année (45 000 tentatives).

Ce problème touche aussi bien les citadins que les ruraux. La Bretagne et le Nord seraient particulièrement touchés. Difficultés scolaires, ennui, insatisfaction...

Rappel : le gène de l'anxiété, le gène SLC 6A4, situé sur le chromosome 17, implique un neuromédiateur, la sérotonine. Les expériences sur les souris ont permis de modifier leur comportement en administrant un antibiotique qui ouvre ou ferme les récepteurs cervicaux à la sérotonine. Soit on peut paralyser les souris par l'anxiété, soit les rendre plus casse-cou.

D'après les spécialistes, s'enfermer dans les neuroleptiques... (chlorpromazine, phénothiazine, butyrophénone, anisamide ou benzamide) peut aboutir à un risque de rechute psychotique (nausées, vomissements, vertiges, algies, accidents digestifs, cardiaques, urinaires, prises de poids, syndrome pseudo-parkinsonien, dyskinésie...) même si toutes ces substances sont contrôlées par l'Afssaps (Agence française de sécurité sanitaire des produits de santé)

Des stimulants euphorisants aux tranquillisants libérateurs, éviter les effets secondaires n'est pas évident. L'équipe du professeur René Hen, chercheur français travaillant au Centre de neurologie et du comportement de la Columbia University de New York, considère que l'anxiété se détermine de façon irréversible pendant la prime enfance :

- Éducation trop rigoureuse, cultivant l'élitisme, dérivant sur l'acceptation du stress professionnel au-delà des capacités de résistance,
- Éducation trop étouffante d'un amour trop envahissant.

Il n'est pas simple de discerner les facteurs déclenchants biochimiques, psychologiques, socioculturels propres à l'histoire de chaque personnalité...

Il n'est pas facile non plus de faire en sorte qu'ils s'aident par eux-mêmes ou soient partenaires. Comment accompagner ? Peu importe la cause. Là n'est pas notre propos.

Les gens se confient volontiers à leur professeur de yoga et j'entends des personnes de tous âges exprimant tous types de mal-être : à 11 ans, la fille de la standardiste, ne supporte pas le stress de son entrée en 6e, à 20 ans, le fils d'une collègue, entamant après un Bac pro de cuisinier, un BTS en trois ans avec remise à niveau, fait crise d'urticaire sur crise d'urticaire.

La mère d'un jeune qui n'arrive pas à s'insérer a fait un “zona émotif”. L'assistante d'un dirigeant d'entreprise, d'une cinquantaine d'années, sachant sa nièce malade, développe des tics de plus en plus quotidiens de la bouche et de la tête... et tant d'autres subissent des troubles psychosomatiques.

Des techniques de détente aident le système nerveux neurovégétatif... Vittoz... Feldenkrais... respirations yogiques...

Quand je suggère cinq minutes d'exercices quotidiens, rares sont les personnes qui s'accordent ce temps... Pour entamer le processus, il faut en avoir envie. Les exemples de ceux qui s'y sont mis, et en sont transformés, me comblent de joie. Bien sûr, tout ne se règle pas facilement. Les personnes en grande souffrance ont besoin d'un soutien avec l'aide d'un médecin spécialiste.

Comment composer avec la dépression ? La dépasser ? Sans tomber dans une prison chimique ?

Le mot grec pour drogue est *pharmakon*. La frontière reste floue entre drogues et barbituriques.

La vocation de ce livre n'est pas de se lancer dans l'étude de médicaments plus ou moins adaptés, juste d'évoquer des pistes pour retrouver la "niaque", l'énergie. Les médicaments ont leur utilité et leurs limites en cas d'abus : pour les anxiolytiques (dissolvants d'anxiété), le syndrome de manque se manifeste par des tremblements, nausées, fibrillations musculaires, dépression, convulsions...

Les médicaments psychotropes sont prescrits pour :

o Réduire la douleur, contenir l'angoisse. « L'apprentissage de la douleur n'est plus une valeur éducative comme ça l'était auparavant » (Boris Cyrulnik)

- Repousser ses limites, notamment dans le sport de plus ou moins haut niveau.
- Affronter des contextes pathogènes dans son travail : gérer la disponibilité à l'imprévu, la tolérance à l'ambiguïté, le travail flexible non planifié, non sécuritaire, face à des situations non anticipées, face aux nouvelles carrières postindustrielles détachées des ancrages, face aux objectifs multidimensionnels, aux nouvelles hétérogénéités extrêmes du travail... Rien n'étant jamais acquis dans des équipes à géométrie variable, où il est demandé de faire ses preuves en permanence.
- Accompagner les isolés sociaux, marginalisés : malades, femmes au foyer, personnes âgées présentant un manque patent d'autonomie.

Cela représenterait actuellement 30 % d'un marché qui propose en permanence de nouveaux produits, dont les ISRS (Inhibiteur sélectif de recapture de la sérotonine).

30 % des plus de 60 ans consomment régulièrement des médicaments psychotropes (amphétamine, dexamphétamine, métamphétamine, phenmétrazine) sur une échelle allant des congestions nasales aux dépressions...

Les consommateurs occidentaux de Valium correspondraient à un pourcentage vingt fois supérieur aux consommateurs chinois de drogues dures. Nous savons que tout chiffre ou pourcentage est sujet à caution. L'important reste l'échelle.

En 1941, un quotidien londonien titra « La méthedrine gagne la bataille de Londres » : un surdosage d'hypnotiques au puissant effet euphorisant était présent dans les desserts des soldats lors de la Seconde Guerre mondiale. »

Une publicité américaine titrait également : « Deux comprimés sont plus efficaces qu'un mois de vacances. »

Le champ d'utilisation s'étendit aux personnes âgées, maîtresses de maison, étudiants devant passer des examens...

En 1950, vingt-trois coureurs du Tour de France furent pris de malaises à la sortie de Luchon, diagnostiqués comme ayant subi une intoxication amphétaminique aiguë. Le tableau des effets secondaires fut alors clairement connu montrant une détérioration des viscères non seulement chez les sportifs mais aussi chez les personnes âgées.

Le méprobamate, pilule du bonheur, fut annoncé comme apaisant l'esprit sans créer de dépendance. Trois ans plus tard, il fut établi qu'elle engendrait une dépendance grave un peu comme l'association d'alcool et barbituriques (États-Unis dans les années 1965).

Les États-Unis se sont inquiétés du risque de suicide lié à la prise d'antidépresseurs : neuf médicaments augmenteraient les passages à l'acte chez les adolescents selon la Food and Drug Administration (FDA), surtout en début de traitement. Depuis, cet organisme a nuancé ces propos.

Le risque étant majoré chez les enfants atteints d'une dépression majeure. D'après un chercheur en psychiatrie irlandais, David Healy qui a consulté les archives secrètes de laboratoires pharmaceutiques. Il dirige actuellement le service de psychologie de l'hôpital universitaire du pays de Galles (recherches concernant le Prozac et le Zoloft, commercialisés par un laboratoire américain Pfizer). En raison du pouvoir de l'industrie pharmaceutique, très peu de publications se sont intéressées à ses recherches.

Lorsqu'une substance est prescrite avec l'intentionnalité de soin, elle prend le nom de médicament. En 1943 fut découvert par un chimiste suisse, le LSD 25 (acide lysergique diéthylamide), drogue synthétisée à partir d'un champignon, l'ergot de seigle.

Le LSD 25 a été proposé aux psychothérapeutes du monde entier par les laboratoires Sandoz sous le nom de Delysid (stimulant du sevrage des alcooliques – relaxation mentale, libération du refoulé, puis arme de guerre non conventionnelle par la CIA, notamment pour la délation et pour l'infiltration d'organisations terroristes internationales et pour les agents belliqueux non conventionnels).

Puis la buprénorphine, antalgique opioïde de synthèse fut prescrite sous le nom de Subutex puis de méthadone. Enfin un polonais Léo Sternbach synthétisa le Librium en 1960 – devenu Valium, médicament universel.

« Les psychotropes sont mal prescrits parce que les médecins sont mal formés – souvent uniquement par les visiteurs médicaux de l'industrie pharmaceutique », confiait le célèbre Pr Édouard Zarifian, psychiatre.

La dépression contemporaine serait-elle le fruit d'un changement dans la civilisation, la maladie même de nos sociétés sans idéal ? Pas facile de répondre... D'après certains psys, l'angoisse serait « inventée par le corps émotionnel ». D'après certains autres, « enfant trop choyé = adulte raté ».

D'autres encore : « L'angoisse serait à 50 % génétique, 50 % cultivée par des parents anxiogènes. »

« Tous les hommes exceptionnels sont mélancoliques » affirment Raymond Klibansky, Erwin Panofsky et Fritz Saxl dans *Saturne et la mélancolie*.

« La dépression, selon le philosophe Pierre Fédida, assure une protection et vient d'une blessure narcissique grave. »

Selon l'Agence du médicament, 50 à 70 % des cas ne seraient pas traités.

Les antidépresseurs ont pour propriété principale d'agir sur les neurotransmetteurs nerveux et notamment sur la noradrénaline et la sérotonine. Ils régulent l'influx, sont sédatifs si la dépression est marquée par l'angoisse ou stimulant si l'inhibition prédomine.

« Les antidépresseurs sont efficaces dans 60 % des cas et les premiers effets apparaissent au bout de quelques semaines. La prise doit perdurer six mois après la guérison, précise le Pr Lôo de l'hôpital Sainte-Anne, continuant : l'entourage direct du dépressif, souffrant également de cet état, n'est pas en mesure d'aider. »

Sur le marché, les neuroleptiques furent présentés comme tranquillisants majeurs. Comme les barbituriques, ils n'étaient pas considérés comme des stupéfiants, vendus sans ordonnance dans le monde entier, de nombreuses personnes sont devenues des barbituromanes.

Sédatifs, hypnotiques, opiacés synthétiques de plus en plus actifs, soignèrent les nerfs pendant cinquante ans : péthidine, méthadone, cétobémidone, dextromoramide (trois fois plus actif que l'héroïne).

Un avocat texan Andy Vickery s'est intéressé au sujet et a mis le projecteur sur les conclusions de David Healy, selon lequel les laboratoires ne mettent pas assez en garde les médecins contre les effets secondaires.

Étant membre d'une association d'aide aux ex-opérées du sein, lors d'un colloque dans un grand hôpital parisien, j'ai interrogé un médecin spécialiste responsable de service et de l'association : « Que pensez-vous de l'homéopathie en complément pour éviter les effets secondaires ?

— Je ne connais pas, quand je ne connais pas, je ne touche pas. »

D'après le Dr Serge Rafal, attaché à l'hôpital Tenon et auteur de *Halte aux antidépresseurs*, (Marabout) : « Les médecines douces sont impuissantes contre les troubles majeurs, en revanche elles sont recommandées en cas d'états anxieux, de stress ou de troubles du sommeil, homéopathie ou phytothérapie. »

La dépression est une altération de la sphère thymique qui laisse encore de nombreuses zones à explorer. Élizabeth Roudinesco, psychanalyste, directrice de recherche à l'université Paris VII s'est confiée au journal *L'Histoire* : « La mélancolie traduit une incapacité de faire le deuil de l'objet perdu. Dans notre société, l'insatisfait a le choix entre la dépression, soignée par les médicaments et la mélancolie qui reste l'expression de la révolte singulière. »

Comme le rappelait dans une revue spécialisée le Pr Henri Lôo de l'hôpital Sainte-Anne de Paris : « Les médecins généralistes sont tout à fait capables de traiter la dépression mais ils n'en ont pas toujours le temps. Le chemin de la guérison passe par une alliance "médicaments-thérapie verbale" et par la construction avec le patient d'un itinéraire thérapeutique personnalisé tenant compte de son histoire et de son environnement. Une simple prescription de médicaments ne suffit pas, quand bien même les progrès de la pharmacopée sont exemplaires. »

D'après le professeur Édouard Zarifian : « Les médicaments sont indispensables pour passer un cap difficile. Le plus efficace étant l'échange entre deux personnes. » Quand la revue *Vivre Plus* lui demandait : « Peut-on guérir sans l'aide de médicaments ? » Il répondait : « On peut guérir les dépressions légères et moyennes sans médicament. Ce qui compte avant tout pour le patient, plus que les effets des traitements médicamenteux, c'est souvent d'entendre reconnaître sa souffrance par un autre. Mais le marché des psychotropes est financièrement très porteur. Aucun grand laboratoire pharmaceutique n'a intérêt à ce que se développent les alternatives thérapeutiques. »

D'autant que certains psychiatres contestent leur propre utilité comme en témoigne l'histoire que rapporte le Dr Jacques Vigne, psychiatre, auteur de nombreux ouvrages dont *Le Maître et le thérapeute*, qui, installé à Villejuif, a choisi de vivre depuis quelques années sur les bords du Gange. Voici l'histoire qu'il racontait lors d'une conférence en France : « Entre dans un bar un monsieur d'une quarantaine d'années. Il s'installe debout au comptoir et demande une bière légère. Servi, il la regarde, puis, tranquillement, renverse le verre plein à ses pieds, sur le plancher, puis commande à nouveau une bière, la regarde, et la renverse à nouveau à ses pieds. Le serveur lui demande ce qui ne va pas, lui indiquant que s'il ne va pas bien, il y a un cabinet psychiatrique juste en face du bar. Le monsieur ne répond pas.

Trois mois passent sans qu'il revienne. Le client réapparaît soudain. S'installant derrière le comptoir, il demande une bière légère, la regarde, et la verse une fois de plus aux pieds du serveur qui lui dit : “Vous n'êtes pas allé voir le psy que je vous avais conseillé, de l'autre côté de la rue ?

— Bien sûr que si. Je vous remercie d'ailleurs car maintenant, je n'ai plus d'état d'âme. “ »

L'amusant est que cette histoire soit racontée par un psychiatre.

Côtoyant des déprimés, j'ai compris que ces personnes cherchent davantage à pouvoir parler de leurs peurs et de leurs anxiétés plutôt que d'attendre une réponse précise. Être à l'écoute, vraiment à l'écoute.

Des structures spécialisées existent en France pour aider dans ce sens, exemples :

- Près d'Avignon : le centre hospitalier de Montfavet qui a mis en place de petites maisons plus proches du mas provençal que de l'asile psychiatrique.
- Dans le Nord / Pas-de-Calais, région sinistrée par le chômage, et en manque de médecins spécialistes, la clinique de la Maison fleurie à Lille, organise des ateliers de peinture et de chant avec un accompagnement thérapeutique. « Thérapies pour faire tomber les masques quand les dépressifs ont pris l'habitude de nier la maladie à eux-mêmes et aux autres. » souligne une psychologue de l'établissement.

D'après une étude du syndicat de cadres CFE-CGC, 75 % des cadres interrogés éprouvent un stress trop intense, surcharge de travail, échéances non réalistes, insécurité de l'emploi, restructurations, manque de communication, etc.

L'homéopathie et la phytothérapie ont des outils pour soulager : *gelsinium*, *Hypericum perforatum* à base de millepertuis, ou *griffonia* (plante africaine dont les graines sont naturellement riches en hydroxytryptophane, précurseur de la sérotonine, l'un des principaux neurotransmetteurs du cerveau).

Je n'évoque ces aides que pour que vous en parliez à votre médecin traitant et/ou votre pharmacien.

Côté médicaments lourds, les professeurs Jean-Pierre Olié, Pr à la faculté de médecine de Paris V, chef de service à l'hôpital Sainte-Anne et le Pr Henri Lôo, considèrent que l'efficacité des médicaments a des limites. Tout choix de médicament devrait tenir compte d'une conjugaison subtile de facteurs biochimiques, psychologiques, socioculturels propres à l'histoire de chaque personnalité, terrain génétique, milieu familial, conditions de travail, habitudes alimentaires et...

L'anxiété étant à la fois innée et acquise.

En cas d'addiction, il est souvent nécessaire de se rapprocher de cliniques spécialisées comme la clinique Montevideo à Boulogne ou de services comme celui du Pr Christophe André qui traite, entre autres, les phobies à l'hôpital Sainte-Anne.

L'éminent psychiatre Édouard Zarifian pensait sincèrement que les progrès des neurosciences et de l'imagerie cérébrale apporteraient une réponse quasi définitive au traitement de certaines maladies voire faiblesses majeures d'ordre mental. Il devint un excellent spécialiste de biochimie et pharmacologie puis il révisa sa copie, avançant que l'écoute de la souffrance est aussi importante que la chimie du corps.

Certaines personnes malheureusement, et je parle en connaissance de cause, refusent de consulter.

Plonger ? Résister ? Doser ?

Cette rapide évocation d'énergies "à portée de main" permet de se rendre compte de l'intérêt de bon nombre d'entre elles à condition de ne pas abuser.

Depuis dix ans, le CIRC (Centre d'information et recherche cannabique) milite pour la légalisation du cannabis pour éviter l'utilisation de produits frelatés.

Ce centre considère qu'il faudrait informer les consommateurs sur la nature du produit, insistant pour différencier consommation et abus.

Il conseille de sortir le chanvre récréatif de la prohibition et de responsabiliser chacun. Mais l'être humain n'aime pas être raisonnable, notamment l'Occidental tellement "gâté" par rapport à d'autres…

Quant aux stimulants "doux", eux aussi présentent des côtés très positifs.

Le vin possède une palette somptueuse de micronutriments – phénols et polyphénols.

Le thé est la boisson la plus riche en polyphénols : fluidifiant du sang et anti-inflammatoires.

Le café améliore digestion et concentration mentale, mais la caféine allant vers le système limbique émotionnel, le sevrage, en cas de surdosage, peut induire un manque difficile à gérer.

La "domestication" du "monstre nicotinique", semblerait, d'après certains scientifiques, être un domaine thérapeutique prometteur pour une douzaine d'affections dégénératives du cerveau (maladie de Parkinson, Alzheimer, dépression, schizophrénie, névrites).

En cas de surdosage, le cerveau s'intoxique avec ses propres neurotransmetteurs qu'il n'arrive plus à maîtriser. En France, il y a 160 000 tentatives de suicide par an et 13 000 à 14 000 en meurent. Je ne peux m'empêcher de le rappeler ainsi que l'état des recherches en cours : le gène de l'anxiété, le gène SLC 6A4, situé sur le chromosome 17, implique un neuromédiateur, la sérotonine. Les expériences sur les souris ont permis de modifier leur comportement en administrant un antibiotique qui ouvre ou ferme les récepteurs cervicaux à la sérotonine. Soit on peut paralyser les souris par l'anxiété, soit les rendre plus casse-cou.

À monde complexe, solutions complexes.

Côtoyant dans mes cours des "déphosphatés" (aurait dit mon méridional de père), et dans la vie de tous les jours des paumés de tous âges et de toutes conditions, sans projet ni objectif malgré parfois de brillantes études, ou un job correct et une famille à l'écoute, j'ai pris conscience au contact de l'Orient que l'Occident s'était dévitalisé sur un sujet essentiel à l'homme, la spiritualité.

Vous faire partager mon cheminement a pour ambition de vous mettre l'eau à la bouche, pour choisir une piste à distance de notre époque d'excès en tous genres : visuels, auditifs, nutritionnels, surexcitant notre système nerveux et déséquilibrant le savoir-faire de nos glandes endocrines.

Voici donc un parcours-suggestion à la portée de tous, à déguster à petites doses, laissant au repos votre cerveau intellectuel, visant à entrouvrir, une fois calmé le cerveau émotionnel, la porte à votre cerveau spirituel...

À La Rochefoucauld : « Qui vit sans folie n'est pas si sage qu'il croit. » J'ai envie de répondre : « Et si on essayait la folie de la foi ? »

À Bernard Lavilliers : « J'ai plus appris en une nuit blanche qu'en dix ans de sommeil. » J'ai envie de répondre : « Et si on s'essayait à d'autres formes d'éveil ? »

À Henri Michaux : « Qui a renoncé à ses démons nous ennuie avec ses anges. » J'ai envie de répondre : « L'important ne serait-il pas de ne pas nous ennuyer avec nous-mêmes ? »

Troisième partie

Comment combler le manque de permanence

Face à tant d'éphémère ?

Tout étant éphémère, de notre vie professionnelle à notre vie familiale, et à la vie tout simplement, vers où se diriger face à un horizon diffus ?

« L'horizon, une ligne qui recule sans cesse », précisent les dictionnaires.

Comment se sentir exister vraiment, pleinement ? Difficile à dire. Surtout pour les intellectuels, ingénieurs, médecins spécialistes, matheux que je côtoie.

Les États-Unis fabriquent aujourd'hui des médicaments antidépresseurs pour l'"overthinking". Ce qui semblerait démontrer que les solutions ne seraient pas dans cette direction.

Au-delà du fameux QI (quotient intellectuel), des psychologues ont mis en vedette l'intelligence émotionnelle, faisant passer des tests pour mesurer le QE (quotient émotionnel) même maintenant pour une embauche.

Poursuivant leurs recherches, des neurophysiologistes américains mesurent, dans des centres de recherche universitaire, les effets de la foi sur la santé des patients.

À quand la mesure de notre QS (quotient spirituel) ? Quand considérera-t-on qu'il est important de nourrir notre cerveau spirituel avec l'arrière-pensée qu'il est partie prenante de notre équilibre ? Peut-être un jour, le niveau d'intelligence spirituelle sera mentionné dans les curriculum vitae ou évalué dans les entretiens d'embauche.

Chez J.-P. Morgan, banque d'affaire, un des tests psychologiques d'embauche est : « Vous organisez un dîner avec les trois personnes qu'il vous intéresserait le plus de rencontrer, vivantes ou mortes... Je cite au hasard à titre d'exemple : Charlemagne, Mao Tse-Tung, Claudia Schiffer, Jésus-Christ, Bush, un astrophysicien... qui aimeriez-vous inviter ?

Mon fils a répondu : Georges Soros qui a spéculé contre la livre sterling et actuellement donne autour de 250 millions de dollars à l'université d'Europe centrale, mon meilleur ami de promotion qui a monté son entreprise à 22 ans et Gandhi.

Du coup, au cours de dîners, on s'amuse à proposer ce test aux amis. Jusqu'à présent, personne de notre entourage, (à part mon mari qui voulait rencontrer Jésus-Christ), n'a demandé à rencontrer un personnage religieux, ou un théologien... Une partie de notre monde occidental s'est coupé des mystères du cosmos.

5 % seulement des Français déclarent avoir une pratique religieuse... Or nous sommes, pour la plupart, même inconsciemment, assoiffés d'invisible.

Le problème de la philosophie occidentale est qu'elle est une philosophie de la réponse. La philosophie orientale et indienne est dans des réponses paradoxales, les fameux koans. En Inde, tout est spiritualité, manger, marcher, danser, chanter. En Ayurveda, médecine de synthèse, il est rappelé que l'homme, dans la multiplicité de ses organes, est un corps vivant relié au monde par les cinq sens. La première maladie soignée par cette médecine est le "corps de félicité". Bien sûr s'il y a urgence, on commence par vouloir sauver les gens.

Veda = connaissance, *Ayu* = corps vivant relié au monde par les cinq sens.

Une fois pris en compte le plan du corps de la félicité – être ou pas heureux –, par cette discipline, on s'occupe du raisonnement "erroné" et du corps de la connaissance. Ensuite du corps mental, pour des questions du type "que faisons-nous sur terre ?". Enfin seulement, du corps de l'énergie et du corps charnel.

Les médecins ayurvédiques étudient les fonctions physiologiques et mentales sachant que le but ultime de l'Ayurveda est la réalisation spirituelle.

En Occident, l'homme extérieur, jamais rassasié, étouffe en lui l'homme intérieur dont il a perdu l'usage. Tout concourt dans la société moderne à réduire l'homme à un produit de consommation. Il consomme et est consommé.

« Oser le défi de scruter l'invisible, les mystères, l'infini plutôt que de se laisser engloutir par le périssable et par la grandeur apparente des choses. » (Annick de Souzenelle)

« Celui qui demande sincèrement la lumière la perçoit déjà. » (Daniel Pons)

La lumière est danse, chant, vibration. Les premiers pas vers le sacré sont là. Écouter et sentir les vibrations d'un gong, d'un bol chantant. Premiers pas à notre portée pour réenchanter notre univers.

« Nous sommes dans une vie de convoitise et de précipitation. Après avoir déifié la raison, l'homme contemporain est seul dans une société à l'abandon, asservi à la matière. » (Alexandre Safran)

« Les hommes se sont libérés de l'emprise du divin – pour faire l'expérience de leur autonomie… pour le meilleur et pour le pire. » (Ysé Tardan-Masquelier)

« Homme, regarde-toi. Tu as en toi le ciel et la Terre. » (Hildegarde de Bingen)

« L'homme n'échappera à l'agonie que par l'intériorité pour qu'il jette les ponts entre les rives du fini et de l'infini. » (Marie-Madeleine Davy)

Comment dépasser le regard scientifique pour renouer avec notre quête de plénitude ? Est-il possible de réconcilier science et spiritualité ? Certains s'y emploient au sein d'organismes comme la Fondation Templeton, offrant un million de dollars chaque année pour débattre sur ces sujets. Il y a également, l'UIP (université interdisciplinaire de Paris), la Fondation Diagonale visant à réenchanter le monde (www.fondationdiagonale.ch), la Fondation Ethos (créée par deux caisses de pension genevoises, regroupant soixante-quinze institutions membres associée à Pictet Asset Management www.ethosfund.ch) et d'autres…

L'homme moderne est un homme seul, socialement et psychologiquement, or la solitude ne convient qu'aux êtres forts. Ceci dit sans aucun esprit de jugement. Être dans le jugement ne conduit nulle part, et notamment pas à l'harmonie intérieure.

S'il avait développé son QS, le père de famille, dont la femme voulait divorcer, aurait-il sauté par la fenêtre de son immeuble, en tenant par la main sa fillette de deux ans et son garçonnet de six ans ?

Et mon cousin ? Qui serine à sa femme, à chaque contrariété : « Donne-moi une pilule de cyanure... »

Et mon collègue ? qui, au moindre conflit professionnel, claironne : « Je n'ai pas le courage de me jeter sous une rame de métro... »

Et le voisin d'immeuble de ma fille ? Qui, lorsque sa femme a parlé séparation, a choisi de se jeter du quatrième étage à 40 ans...

Et le mari de ma meilleure amie ? qui propose régulièrement d'ouvrir le gaz considérant que la majorité des humains est pourrie...

Toutes ces personnes et tant d'autres avaient-elles cherché à donner un sens à leur vie ? Comme disait Malraux : « À quoi sert d'aller sur la lune, si c'est pour s'y suicider ? »

Il semblerait que notre modernité participe à développer des "personnalités pathologiques" comme énoncé dans le livre des professeurs Debray et Nollet sur le sujet. D'après MM. Debray et Nollet, notre époque fabrique des intolérants aux frustrations, enfermés dans des techniques d'auto-sabordage : personnalités à l'état limite, personnalités narcissiques, obsessionnelles, à conduites d'échec, etc.

Quand je soulève ce point avec mes élèves de yoga adultes, tous y reconnaissent un de leurs proches et veulent se procurer le livre.

D'après ces spécialistes, une des clés pour mieux vivre au quotidien est la TCC (thérapie cognitive et comportementale). Ont-ils pensé, en complément, à s'aider par une ouverture spirituelle ? À quand dans ces thérapies, sera-t-il prévu la présence d'un théologien ?

Parallèlement, on noterait, chez certains jeunes, une montée du satanisme, d'après le Centre national de pastorale liturgique qui réunit tous les deux ans cent cinquante religieux et laïcs pour définir textes, chants et arts sacrés qui peuvent accompagner une meilleure connaissance de la foi : dérive anti-christique de la culture des jeunes, d'après le père Benoît Domergue qui a fait une thèse en démonologie (cf. Marilyn Manson et son groupe de hard rock vantant le satanisme).

Poser le décor est une chose, proposer une voie est moins aisé.

« Face à un nouvel environnement, pars d'une page blanche. Écoute d'abord, réfléchis ensuite. Adapte-toi sans renoncer à ton identité culturelle. » (Carlos Ghosn, actuel patron de Renault.)

CHAPITRE I

S'ouvrir aux énergies de l'infini

Comment accueillir l'invisible, les mystères, les zones d'ombre ?

J'ai en mémoire un stage dans un coin reculé de l'Ardèche nord avec un formateur indien qui nous conseillait d'aller avant le lever du jour observer l'éveil de la nature. Je demande : « À quelle heure se lève actuellement le soleil ?

— À vous de chercher, fut sa réponse. »

Sur le moment, cela m'avait... énervée. En fait, il avait raison. Ayant peur de rater le lever du jour, je me suis réveillée en pleine obscurité, vers 4 heures du matin, c'était l'été. Je suis allée m'installer dans un endroit où je pensais profiter d'une vue étendue et j'ai attendu dans le silence de la nuit. Soudain, les oiseaux ont commencé à murmurer timidement leur chant. Une très tendre lueur est apparue dans des orangés bleutés au pastel des plus délicats. Je n'osais plus bouger, en contemplation devant l'éveil de la nature. À cet endroit reculé, pas de bruit urbain, juste le concert des oiseaux manifestant leur joie devant le cadeau d'un jour nouveau. Je me suis sentie en osmose avec les énergies de l'Infini. Émerveillée, réconciliée, en communion.

Dans son livre *Conversations sur l'invisible*, Jean Audouze, astrophysicien : « Comprendre est un mot réducteur. La matière est aux ordres de l'invisible. Il y a dans chaque centimètre cube de l'univers trois milliards de fois plus de particules de lumières et de photons que de particules de matière ordinaire. »

Pas facile de s'ouvrir à l'invisible quand on n'est ni astrophysicien, ni théologien. C'est ainsi qu'à défaut de vivre dans ce type d'environnement, j'emmène, pour fêter l'arrivée du printemps, des pratiquants sur le pont piéton des Arts, faire les salutations au soleil, à son lever. Manifestant notre joie avec tout notre corps, en participant à la ronde des saisons.

Les énergies infinies spirituelles, quand on n'a pas baigné dedans par la famille ou le contexte, ce n'est pas si simple de les accepter. Pour mon cas, la spiritualité a croisé ma route non seulement sans que je la cherche, mais je l'ai rejetée les deux premières années de formation à l'École française de yoga, malgré des formateurs enthousiastes sur ces sujets.

Dans le livre *Le Maître et le thérapeute*, Jacques Vigne, psychiatre vivant en Inde depuis vingt ans : « L'Occidental est handicapé par son manque de capacité à faire confiance. »

Pour mon cas, le Saint-Esprit est entré dans ma vie, un jour où je voulais offrir un symbole de paix à ma fille. Place Saint-Sulpice, Paris 5e, dans une boutique spécialisée "bondieuseries" diront certains, je suis tombée en arrêt devant une breloque : une colombe sous une petite croix carrée avec quatre boules aux quatre angles. Prête à me décider pour cette croix huguenote, symbole protestant, la vendeuse, à laquelle j'expliquais que ma fille avait suivi en son temps une formation catholique de base "classico-classique" m'a orientée vers une colombe de paix sans croix, c'est-à-dire dessinée en creux sur une petite plaque toute simple. Sobre, belle dans sa simplicité.

Les oiseaux sculptés sur certains plafonds d'églises n'avaient jusque-là rien évoqué à mes yeux, et là soudain, cette colombe m'est apparue comme signe d'apaisement. Depuis, ma fille m'a confié, que lorsqu'elle se sent perturbée, visualiser cette colombe l'apaise.

Par ce petit fait tout simple, je me suis posé mes premières questions sur la spiritualité. Notre société s'obstinerait-elle à faire de nous des handicapés du spirituel ?

Au cours de mes recherches, j'ai trouvé des ouvrages qui m'ont aidée à m'élever et dont j'ai fait part aux participants à mes cours, leur lisant une phrase ou deux pour les inciter à acquérir ces œuvres. Comme ce passage de *L'esprit des religions*, de Hesna Cailliau, sociologue. Père turc musulman, mère danoise protestante, mari français catholique : « L'important pour tout chercheur n'est pas la vérité mais le salut en développant sa force spirituelle, car cogito ergo sum est l'expression de désirs insatiables. En honorant toutes les religions, on aide la sienne à grandir. »

S'aider d'une religion culturellement proche de nos racines aide à dépasser un quotidien morose. Même si on ne tient pas à s'engager dans une religion, s'interroger sur la spiritualité amène à s'interroger sur le concept de Dieu ?

Au cours de mon cheminement, j'ai eu la chance d'assister à un colloque organisé par le journal *Évangile & Liberté* pour fêter ses 120 ans, invitant quatre pasteurs à répondre à la question : « Qu'est-ce que Dieu pour moi ? » Louis Pernot, pasteur au Temple de l'Étoile, a répondu qu'il avait quatre dieux en lui :

- Un dieu moral autour d'une morale d'amour, de pardon, de paix et de service. D'ailleurs « je pourrais m'arrêter là » a-t-il précisé.
- Un dieu philosophique – « Je crois qu'il existe un absolu, un surnaturel métaphysique. »
- Un dieu cosmique – « J'entends par là une puissance créatrice participant à l'évolution. »
- Un dieu mystique – « J'ai beau être un scientifique, je crois en un dieu que je veux servir, qui m'anime d'une dimension affective, précisant, Je n'ai envie de renoncer à aucun. La difficulté est de faire le lien... Pour moi, croire en l'Amour, c'est croire en un dieu qui me construit dans toutes mes dimensions. »

Florence Taubmann, qui vient de quitter ses fonctions de pasteur au Temple de l'Oratoire, a dit avoir également quatre dieux en elle :

- Un dieu d'émerveillement devant la nature et la création.
- Un dieu du geste de bonté, spontané non réfléchi pouvant déverser un torrent d'amour.
- Un dieu de la Bible insaisissable, pluriel, inattendu, contradictoire qui ne transforme pas Dieu en idole.
- Un dieu de la pensée, un dieu à méditer, avec des allers-retours incessants entre lui et moi.

Henry Persoz, ingénieur et théologien, lui, en a deux :

- Un dieu incompréhensible, et, reprenant Saint-Jean Chrysostome : « Celui qui dit qu'il sait, se trompe. » Dieu n'est pas cernable, laissant la place à l'imaginaire. Il a d'innombrables visages. Il surgit d'un manque face à l'égoïsme de l'homme.
- Un dieu, force créatrice du monde, et, reprenant le commentaire de Saint-Augustin : « Tu veux savoir qui est Dieu ? aime ton prochain et là, tu verras Dieu. »

Jean-Marie de Bourqueney, pasteur à Marseille, puis à Bruxelles, nous dit être gêné par la question, considérant qu'elle est de l'ordre de l'intime. Un jour, il demande à ses étudiants : « En famille, vous parlez sport ? Politique ? Sexualité ? Ou Dieu ? » Ils ont tous répondu oui aux trois premières interrogations et non à la quatrième. Il poursuivit : « Dire dieu pour moi, c'est me déconstruire, enfant d'une famille catholique, je l'assimilais à un grand-père fouettard. J'aspirais à la liberté, à sortir de la chape de plomb du péché. Je ne crois pas au dieu qui a souffert pour sauver le monde. » « Je crois en un dieu de finalité. Pour moi, le catholicisme et l'islamisme sont orientés vers la soumission. Je prends le mot protestant dans son sens premier de témoigner. Témoigner pour reconstruire. » « Je crois en un dieu de la recherche : rechercher, c'est vivre. »

Puis les auditeurs furent invités au jeu des questions réponses : « Où peut se situer la rencontre avec Dieu ? »

J.-M. de Bourqueney considère que, pour lui, la rencontre avec Dieu se fait dans le silence et, pour F. Taubmann, s'appuyant sur les Psaumes, dans les relations à autrui éclairés par la grâce.

Pour Louis Pernot : « De la même façon, j'aime ma femme à ma manière, de la même façon, peu importe la façon dont vous aimez Dieu, aimez-le. » À la question : « A-t-on créé Dieu ? M. Pernot répond : l'homme a inventé des expressions de Dieu, mais pas Dieu. Les hommes n'ont pas créé l'amour. Nous sommes dépassés par l'amour et le recevons comme un don. »

Mon vécu est en phase avec cette affirmation. Quand j'ai eu mes ennuis de santé, et quatre interventions chirurgicales en quatre étés, j'ai essayé la méthode Coué, « ça va aller, il faut que ça aille ». Mes ennuis de santé n'ont pas été évacués. Il ne suffit pas de vouloir. Être vraiment à l'écoute de son propre ressenti demande une ouverture subtile à laquelle nous n'avons pas été formés. Personnellement pour dépasser un ressenti destructeur et ne pas me laisser "polluer" par les personnes négatives, j'ai maintenant conscience de l'apport d'un support spirituel.

Les ondes négatives des informations "poubelle", les réactions méchantes, voire maladroites, glissent. Avant, elles me perturbaient parfois insidieusement sans que j'en aie conscience. J'utilisais parfois une phrase prière pour les gommer de mon mental, comme : « Esprit-Saint, mets en mon cœur un rayon de lumière » ou, comme disent les frères de Taizé : « Rallumons le feu qui ne s'éteint jamais. » J'ai envie de dire : visualisons un poudroiement de lumière qui ne s'éteint jamais.

David Yonggi Cho, pasteur à Séoul en Corée, dans le livre *L'Esprit-Saint, mon associé*, préconise : « Abreuvons-nous du Saint-Esprit pour que la vie prenne une dimension nouvelle. »

Mais tant de questions subsistent car ce qui attrait au corps, la médecine s'en occupe. Ce qui attrait à l'âme, comment le soigner ? Comment se débarrasser des conditionnements qui nous séparent du spirituel ?

« Définir la science de Dieu, notre intelligence bornée ne saurait y parvenir. » (Moïse Maïmonide)

« Pas facile de s'ouvrir à la foi quand on vit dans un monde où dominent critique, soupçon, défiance. Pas facile d'accepter l'irrationnel de la foi. » (Michel-Robert Bous)

Des textes de la tradition indienne, m'ont sensibilisée à une dimension 'autre' grâce à la comparaison entre le corps, microcosme, et le macrocosme de l'univers.

Bachelard, dans *L'air et les songes* : « Ne restez pas sous l'empire des mots, soyez aérien, pénétrez-vous de l'air et du ciel, paysage de l'âme. »

En hébreu, comme en grec, un seul mot pour dire vent, ou souffle, ou esprit. Le souffle, l'air, sources de notre vie, sont immatériels et essentiels pour vivre. Peut-être pourrait-on parler de “Saint-Souffle” ? d'une grâce du souffle offerte pour y puiser la vie. Et de là, on peut s'interroger sur le concept du Saint-Esprit.

Dans une prédication, Louis Pernot disait que la notion de Trinité est un développement théologique datant du IIIe siècle ou IVe siècle, notion délicate apparue peu à peu dans l'Église, après des siècles de résistances et de discussions.

« L'Évangile, poursuit-il, nous propose de voir Dieu comme notre père, de voir Jésus comme notre frère, et le Saint-Esprit comme notre consolateur. La Trinité nous met en face de la complexité de Dieu, et c'est de cette complexité que naissent la liberté et la vie éternelle. »

Dans la Bible TOB, quelques bribes d'indications succinctes sur ce Saint-Esprit nébuleux : Dans Ezéchiel – chapitre 36 : « Ils ont des yeux pour voir et ne voient pas, des oreilles pour entendre et n'entendent pas... Je vous donnerai un cœur neuf et un esprit neuf, je mettrai en vous mon propre esprit. »

Dans l'Évangile selon Jean – chapitre XIV : « La promesse de l'esprit... l'esprit de vérité, celui que le monde est incapable d'accueillir parce qu'il ne le voit pas et ne le connaît pas. Or il est en vous... »

Dans l'Épître aux Ephésiens – chapitre VI : « Recevez l'armure de Dieu, pour faire face aux ténèbres, aux esprits du mal, afin qu'un jour vous puissiez résister et demeurer debout. Prenez le bouclier de la foi. »

Une vieille légende hindoue raconte qu'il y eut un temps où les hommes étaient l'égal des dieux. Mais ils abusèrent tellement de leur divinité que Brahma, le maître des dieux, décida de leur ôter le pouvoir divin et de le cacher dans un endroit où il leur serait impossible de le retrouver. Le grand problème fut donc de lui trouver une cachette. Les dieux mineurs furent convoqués pour résoudre ce problème. Ils proposèrent d'abord de cacher la divinité dans la terre : « Mais l'homme creusera et la trouvera, répondit Brahma.

— Jetons-la dans le plus profond des océans, dirent-ils alors.

— Non, car tôt ou tard l'homme explorera la profondeur des océans, et il la remontera à la surface.»

Les dieux finirent par conclure qu'il n'y avait aucun endroit au monde que l'homme ne puisse atteindre un jour. « Il en existe un, affirma Brahma, nous cacherons la divinité de l'homme au plus profond de lui-même, car c'est le seul endroit où il ne pensera jamais à chercher. »

Emmanuel Godo, agrégé de lettres, maître de conférences à l'institut catholique de Lille conclut : « Une société sans âme creuse le lit de son propre anéantissement. »

La foi n'agit pas au niveau du savoir mais au niveau d'une saveur à goûter, et, pour certains, à déguster au-delà d'un quelconque angélisme, ou d'une morale infantilisante. Pour nous ouvrir, il nous faut une vertu, le courage. En latin, *virtus* veut dire courage. En fait, l'idée serait de développer un mélange de courage et d'humilité.

« Tant qu'il y a des mots purs, éternité, ouverture, se les redire jusqu'à ce qu'on leur ressemble. » (André Chamson)

J'ai envie de me répéter cette phrase tous les jours et presque de l'écrire à chaque page.

Bien que ce ne soit pas notre propos, je ne peux, comme d'autres, m'empêcher de penser que cela fait deux mille ans que l'Église prêche : « Tu aimeras ton prochain comme toi-même » et « Tu accueilleras l'étranger sur tes terres. »

Alors ? Quid des Croisades, de l'inquisition, et autres combats au nom de tant de religions. Ce qui fait dire à certains : la spiritualité commence où s'arrêtent les religions. Mais bon, le support d'une religion peut être nécessaire, et j'ai même envie de dire est nécessaire pour aider notre foi à devenir "adulte". Pas simple de s'ouvrir à la foi et de l'épanouir en solitaire.

Didier Decoin, dans la revue Le Monde des religions : « L'être humain n'est pas équipé pour cet éblouissement. »

Ne serions-nous plus programmés pour croire ? Dans un éditorial du journal *Pratiques de santé*, le Dr Jean-Pierre Willem considère que la foi est le meilleur des anxiolytiques, reprenant une étude d'un chercheur de l'université Duke de Caroline du Nord, divulguée par le Pr David B. Larson, psychiatre. De plus, on sait maintenant que la visite de lieux sacrés charge en énergies cosmiques. Peut-être que « l'homme serait divin par essence ».

Les médecins connaissent les effets de pensées négatives sur le rétrécissement des vaisseaux sanguins, sur la hausse de la tension artérielle, l'épuisement surrénal. L'esprit peut influencer les mécanismes biochimiques qui régulent le corps. Des scientifiques de l'université de Pennsylvanie, de l'université de San Diego en Californie, de l'université Laurentienne d'Ontario au Canada, physiciens, biologistes ont montré que l'expérience religieuse possède une base neurologique.

Les techniques d'imagerie cérébrale ont permis de passer l'extase au scanner.

La neuro-théologie serait-elle née à l'heure où semblent s'affronter les neuro-apôtres face aux neuro-athées. La spiritualité aurait-elle une dimension santé ? Aurions-nous un cerveau spirituel ?

Un article du *Monde des Religions* (août 2004), indique qu'à l'aide d'un produit radioactif, on peut injecter un traceur dans la circulation sanguine d'une personne qui médite et montrer une diminution de l'activité du cerveau.

L'espérance dépend d'une certaine qualité d'ouverture du cœur.

Pour Sri Chinmoy : « Il est plus facile de ne pas croire que de croire. Ne pas croire, c'est descendre. Croire, c'est monter. Il est plus facile de descendre que de monter. »

Je côtoie quelques brillants intellectuels incapables de dépasser un mental qui les perturbe. Certains m'ont demandé de les aider, notamment une analyste financière qui applique son brillant esprit d'analyse à ses relations privées. Du coup c'est la catastrophe. Elle analyse trop. D'une part, je lui ai conseillé une cure de quelques gouttes quotidiennes de fleurs de Bach. Pour son cas, deux préparations (*il est clair qu'il faut confirmer ses choix avec un médecin phytothérapeute*) :

- hêtre (beech) qui devrait l'aider à être plus permissive et laisser une chance aux autres,
- vigne (vine) pour qu'elle arrête de vouloir manipuler les gens qui l'intéressent, et qu'elle se laisse choisir au lieu de vouloir attraper au lasso les personnes qui l'attirent comme la vigne sauvage se jette sur la treille.

D'autre part, je lui ai offert une Bible pour qu'elle lise chaque jour une page des Psaumes.

Autre cas fréquent qui vient rarement demander de l'aide mais dont l'épouse sollicite mon aide – celui d'un brillant consultant qui se laisse exténuer par ses missions, n'ayant plus de compréhension ni pour les autres, ni pour lui-même. Les énergies dont il fait usage détruisent son équilibre. J'ai également suggéré des fleurs de Bach (*toujours avec confirmation de son pharmacien ou médecin*) et pour lui :

- bruyère (heather) pour lâcher son égocentrisme,
- mélèze (larch), car curieusement ces brillants cadres supérieurs manquent très souvent de confiance en eux et ont besoin d'être rassurés.
- J'ai également offert une Bible œcuménique à son épouse pour qu'elle s'essaie à lui lire une page par jour. « Et s'il ne veut pas m'écouter, m'a-t-elle dit...

— Demandez-lui de vous écouter, comme un cadeau pour vous – soit d'anniversaire, soit de fête, soit d'amitié, soit d'amour, mais d'écouter vraiment. »

Plus on monte dans les hiérarchies, plus on est seul.

« La solitude ne peut être surmontée que par Dieu, en lâchant la poursuite frénétique du bonheur immédiat. » (Lytta Basset)

C'est ce que j'ai suggéré à la brillante analyste : « Cherchez à entrer progressivement dans le bonheur par la petite porte. Acceptez la chaleur humaine de ceux qui sont prêts à vous en donner, sans analyser qui ils sont, et ce qu'ils représentent. Ne cherchez pas votre clone. Les semblables ont un accord facile, les contraires ont un accord fécond. Ça prend plus de temps d'apprécier des personnes différentes de soi. Cette expérience vaut le coup d'être tentée. »

Alain Houziaux, lors d'une prédication lyrique, conseillait de sortir de la hantise de l'avenir. Semblant considérer l'insouciance et la désinvolture comme favorisant le sens du pardon. Cesser d'être esclave des idées, des tâches, des missions. Pour lui, l'insouciance serait la première des vertus chrétiennes. Il les place, avec, mais devant les trois vertus théologales : foi, espérance, amour.

À l'autre bout du globe, la tradition indienne rapporte la réponse du Bouddha à son fils qui lui réclamait son héritage.

Réponse de Siddharta Gautama : « Je ne peux te donner des trésors périssables mais si tu veux recevoir des trésors spirituels, je te donnerai les quatre vérités qui t'enseigneront les huit chemins de vérité. »

Passer des voyages en Extrême-Orient au voyage avec soi-même, aller à la découverte de son être intérieur. Un cheminement pour la vie. Je suis personnellement sur ce chemin.

Comment ? Par le déconditionnement et une bonne hygiène corporelle, car un corps négligé ne sera pas un réceptacle convenable pour la lumière de la vérité.

Pourquoi le cultiver ? Pour se remplir de lumière.

Je suggère souvent à mes élèves ces tout simples exercices de yoga de la joie :

- Utilisez le souffle comme support. Inspirez la paix, une paix infinie, expirez l'agitation.
- Inspirez la lumière, un poudroiement de lumière et laissez sortir tout ce qui vous encombre. Répétez mentalement lentement le mot lumière, puis le mot sim-pli-ci-té.

« Nos problèmes resteront sans solution aussi longtemps que nous ignorerons notre dimension intérieure. Je propose une révolution spirituelle. » Le Dalaï-lama

« Celui qui n'espère pas ne rencontrera pas l'inespéré » (Héraclite)

En novembre 1998, Peter Eriksson de l'université de Göteborg a découvert que de nouveaux neurones apparaissent chaque jour dans le cerveau de l'adulte. Un cerveau humain contient quelque 100 milliards de neurones. Un neurologue du Cyclotron de Liège a montré l'intérêt de s'entraîner à des tâches visuomotrices comme reconnaître des symboles sur un écran et réagir le plus vite possible.

Et si on stimulait nos neurones spirituels !

Né dans une famille athée, Eric-Emmanuel Schmitt raconte dans différentes interviews, dont celle de la revue *Le Monde des religions*, avoir étudié le bouddhisme, le soufisme, le christianisme, le judaïsme pour les rejeter quand il était étudiant attendant tout de la raison. En février 1989, il est allé au Sahara, entré athée, il en est ressorti croyant.

Être touché par la grâce, au-delà de l'éphémère.

Pour s'aider, commencer par contempler la flamme d'une bougie. La fixer les yeux mi-clos pour qu'un scintillement diffus s'installe et que peu à peu cette flamme s'intériorise. Plus tard, il ne sera plus nécessaire d'allumer une bougie, il sera possible de visualiser qu'une lumière brille dans le cœur rien qu'en pensant au mot lumière.

L'attrait de la lumière est la première condition pour aller sur la voie des êtres de lumière.

Au Moyen Âge, on parlait de neurasthénie, langueur, apathie, mélancolie. Les médecins en rendaient responsable l'action de la bile noire et aussi un déficit de spiritualité.

Au XIIIe siècle, un médecin tunisien, Ishak Ibn Omar, et ses condisciples de la médecine arabo-musulmane préconisaient la lecture du Coran pour se libérer des troubles mentaux attribuant tous les problèmes au monde extérieur. Ils préconisaient une médecine spirituelle pour se débarrasser de l'esclavage et des vagabondages du mental.

Une des inventions du xxe siècle aura été le terme de "dépression", mot fourre-tout, répandu par la commercialisation des antidépresseurs. D'après Élisabeth Roudinesco, vice-présidente de la Société internationale de l'histoire de la psychiatrie et de la psychanalyse et directrice de recherches à l'université Paris VII : « Nous vivons dans un monde ravagé par le scientisme et dans l'illusion thérapeutique. »

Jacques Vigne, médecin psychiatre, au cours d'une conférence, considérait qu'on parle trop de souffrance, qu'on flatte trop le côté masochiste du grand public. Il préconise de ne pas se résigner à la souffrance ajoutant : « Le psychisme est une substance dangereuse. »

Évitons que l'intellect soit notre prison.

« Ouvrir les portes, ouvrir les ailes, ouvrir les rêves. » (Jacques Savoie)

Notre survie passe, à mes yeux, par s'éveiller de notre sommeil spirituel. Ne jouira d'une véritable liberté intérieure que celui qui saura progressivement s'affranchir du besoin de s'appuyer sur des sécurités humaines.

Comme l'a écrit une camarade, dans son mémoire de fin d'études de l'École française de yoga : « Le yoga m'a choisie. Dès le premier cours, il m'a dit : arrête-toi et écoute. Pourquoi prendre la vie à ce point au sérieux ? Elle te prend au sérieux ? Non, elle te prend à contre-pied. Cesse de vouloir comprendre, nourris-toi de l'instant présent. Mon corps, tu es le compagnon dont j'ai le plus abusé, que j'ai le plus trahi... maintenant je respecte mon corps, mon cœur, mon âme. »

En Occident, nous avons perdu le langage du corps qui nous permet de chercher la divinité en nous. Je dis souvent à mes élèves : « Fermez les livres et laissez la posture s'exprimer et s'épanouir en vous. »

Une méthode signalée par une de mes amies, médecin homéopathe : écrire sur des petits bouts de papiers de courtes phrases. Exemple : « Naître, c'est toujours naître de l'obscurité à la lumière. » ou « Ce soir je respire au rythme des marées et je visualise la pleine lune. »

Chaque phrase est écrite sur un bout de papier plié et laissé dans le tiroir de sa table de nuit. En cas d'insomnie – elle prend un des papiers au hasard et le relit pour revenir à l'essentiel. À vous de choisir des phrases qui "vous parlent".

CHAPITRE II

Vivre la vie autrement > Carnet d'adresses

« Dire des vérités ne suffit pas, il faut les vivre. » (Jean Mouttapa)

Pour moi, ceci participe également à l'hygiène de vie. Ici, je me contenterai d'une énumération d'organismes. Il en existe tant de types différents.

Le but est plutôt de vous sensibiliser à mener vos propres recherches sur Internet, ou à vous rapprocher de services de votre mairie, office du tourisme ou association régionale.

L'important : être en harmonie d'ambiance.

PISTES POUR AGIR, ÊTRE PARTENAIRE OU BÉNÉVOLE

Association Foi et Lumière

1 000 communautés dans le monde, lancée par Jean Vanier et Marie-Hélène Mathieu – www.foietlumiere.org – Aide aux handicapés.

Croix-Rouge française

www.croix-rouge.fr – 60 000 bénévoles, 16 000 salariés.

www.atd-quartmonde.org – Aider le quart-monde même en Occident.

IFOR (International Fellows of Reconciliation) ou en français MIR (Mouvement international de réconciliation)
Basé en Hollande à Allmark – 31 pays membres – Bulletin électronique par e-mail : office@ifor.org – site : www.ifor.org (rattaché à l'Unesco) – Fondé en 1919 – mouvement à base spirituelle composé de personnes engagées dans la non-violence active comme mode de vie et moyen de transformation – collabore avec les ONG.

WPP (Women Peacemakers Program)
Toujours auprès de www.ifor.org

Parrains par mille
31 rue Baron-le-Roi • 75012 Paris – Tél. : 01 42 31 11 12 et 01 40 02 02 05 – site : www.parrainsparmille.org – Pour parrainer, accompagner l'éducation d'un enfant. Présidente Catherine Enjolet (grand prix humanitaire *Madame Figaro/Œnobiol* 2004).

Ateliers Terre et feu
Site : www.terre-et-feu.com – Tél. : 01 45 77 10 10 • Paris 3e.

Inter services parents
Tél. : 01 44 93 44 93

Le café de l'école des parents
162 bd Voltaire • Paris 75011 – Tél. : 01 43 67 54 00

La maison ouverte
164 bd Voltaire • Paris 75011 – Tél. : 01 44 93 24 10

Médecins aux pieds nus
222 rue de Vaugirard • 75015 Paris – Tél. : 01 45 67 07 33 – (stages et formation en naturopathie, ethnomédecine, phyto-aromathérapie, nutrition, sophrologie – Pour partir en mission humanitaire).

SUIVRE DES STAGES OU DES FORMATIONS

Compte tenu de notre sujet, je vous invite à orienter votre approche du côté arts spirituels.

- **Stages** de peintures sacrées, sculptures spirituelles, chants spirituels, danses sacrées, poterie, céramique, mosaïque, activité pour occuper les dix doigts et vider la tête – site : www.a-nous-dieu-toccoli.com – (prêtre, directeur de la culture sur diocèse de Nice, spécialiste Chagall).
- **IAS (Institut d'art sacré) de l'institut catholique de Paris** (en liaison avec l'institut protestant théologique de Paris) propose une formation culturelle de la religion sur deux ans, iconographie, musique liturgique... Angers, Lyon, Lille, Toulouse également.

POUR SE RAPPROCHER DE LA NATURE

- **École des abeilles du jardin du Luxembourg** – Se rapprocher de la nature.
- **Atelier arcréation :** 66 rue du cardinal Lemoine P 5
Tél. : 01 46 34 23 25
- **Cours de cuisine école Ritz** escoffier – Tél. : 01 43 16 30 50
- **École du jardinage** du parc de Bercy – Tél. : 01 53 46 19 30 – site : www.ecoledesfleurs.com de Christian Tortu au Crillon
- **Cours d'œnologie** – Cave Lavinia – Tél. : 901 42 97 20 20

ÉTUDES DE THÉOLOGIE

- **Sentiers œcuméniques** de l'université dominicaine – site : http://initheo.domuni.org
- **Réflexions de l'Église réformée de l'Étoile** – site : www.eretoile.org et du Temple du Louvre – métro châtelet – www.oratoiredulouvre.org

- **Revue de l'Église Reformée de France** – Site : www.evangile-et-liberte.net
- **Institut œcuménique des églises :** Château de Bossey – Chemin Chenevière 2 • Bogis • Bossey • CH-1298 Crans-près-Celigny (à 6 km de Nyon) organise des séminaires, conférences – Tél. : 00 41 (0) 22 960 7300 – Site : www.wcc-coe.org et e-mail : bossey@wcc-coe.org

FORMATIONS THÉOLOGIQUES DIPLÔMANTES D'ÉTAT

- **Faculté théologique catholique de Strasbourg**
  Tél. : 03 88 25 97 00
- **Université de Metz** – Tél. : 03 87 75 05 08

FORMATIONS THÉOLOGIQUES DIPLÔMANTES D'ÉGLISE

Diplômes canoniques en théologie, licence, maîtrise, doctorat peuvent être préparés à plein-temps ou mi-temps dans les cinq instituts catholiques :

- **Paris** – Tél. : 01 44 39 52 52
- **Lille** – Tél. : 03 20 13 40 00
- **Toulouse** – Tél. : 05 61 36 81 00
- **Lyon** – Tél. : 04 72 32 50 12
- **Angers** – Tél. : 02 41 81 66 22

Centre Sèvres – Tél. : 01 44 39 75 00
École cathédrale – Tél. : 01 42 34 99 40
Plus Nice et Caen
À Nîmes Sedif – Tél. : 04 66 04 00 51

- **CIF** (Centre pour l'intelligence de la foi) – Tél. : 01 45 44 36 82 : formations théologiques non diplômantes.
- **ISTR** (Institut de science et théologie des religions), d'études œcuméniques (Iseo) et de pastorale catéchétique (IPC).

- **Informations complémentaires sur** : www.la-croix.com
- **EPHE :** École pratique des hautes études, établissement supérieur laïque, donne des cours et conférences sur : la pluralité religieuse, l'Inde védique, le Talmud, introduction à la lecture du Coran etc. programme complet sur www.ephe.sorbonne.fr ou 01 45 87 02 27 et 01 53 63 61 67 pour la formation continue – E-mail : formation.continue@ephe.sorbonne.fr
- **Bouddhisme** : Union bouddhiste européenne (UBE) – www.bouddhisme-universite.net

  Des centres dans toute la France :

  À Paris 12e (Tél. : 01 40 04 98 06)

  Dans le 04 à Castellane (Tél. : 04 94 76 90 88)

  Dans le 24 à Montignac (Tél. : 05 53 50 70 75)

  Dans le 64 à Biarritz (Tél. : 05 59 22 78 78)

  Dans le 73 à Arvillard (Tél. : 04 79 25 78 00)

  Également à Fréjus-83, Nice-06, Digne-04, Kuffolsheim-67, La Boulaye-71, Marzens 81, Billet-63, Plouray-56
- **École catholique internationale** de prière et d'évangélisation : jeunesse lumière – Site : www.jeunesse-lumiere.com ou e-mail : viededieu@jeunesse-lumiere.com dans le Tarn à Pratlong • 81330 Vabres – Tél. : 05 63 50 41 57
- **Vie de Dieu** – 53 rue des Oulettes • 34070 Montpellier
- **Fondation Diagonale :** pour un réenchantement du monde : www.fondationdiagonale.org – Pour redécouvrir l'être humain dans sa dimension intérieure et sacrée
- **Forum 104** – Site : www.forum104.org – Chaque jour, chaque semaine, chaque mois, accueille des associations orientées vers le développement de soi sur un plan spirituel, philosophique, ateliers de peintures, d'écriture, de chant, et disciplines corporelles...

LES VINGT PRINCIPALES ONG EN FRANCE

Pour émerger de ses addictions par son implication.

Elles visent des buts non lucratifs et sont créées par des entités ou des personnes indépendantes d'un État.

1 – Action Contre la Faim

4 rue Niepce • 75662 Paris Cedex 14 (Tél. : 01 43 35 88 88)
site : www.act-fr.org
72 salariés au siège – 205 volontaires – Sections en Espagne, GB, US – Actions dans 20 pays – Née en 1979 lors de l'invasion soviétique en Afghanistan.

2 – ACTED – Action d'aide à la coopération technique et au développement

33 rue Godot-de-Mauroy • 75009 Paris
Tél. : 01 42 65 33 33 – site : www.acted.org
Née en Afghanistan en 93 – Développement durable dans les zones de conflits – 60 expatriés – 1 500 travailleurs nationaux dans 14 pays (dont Inde et Sri Lanka).

3 – Amnesty international

76 bd de la Villette • 75940 Paris Cedex 19 – Tél. : 01 53 38 65 65 – site : www.amnesty.asso.fr
Fondée en 1961 – Basée à Londres – 1,8 million de membres – En France 50 salariés et 200 bénévoles – Milite dans 150 pays – A participé à la libération de Vaclav Havel, Paolo Coehlo, etc., et à la chute de régimes dictatoriaux.

4 – ATD Quart-monde – Aide à toute détresse

33 rue Bergère • 75009 Paris – Tél. : 01 42 46 81 95 – site : www.atd-quartmonde.org
Fondée en 1965 par père Joseph Wresinski pour lutter contre exclusion et pauvreté – 33 salariés et 373 volontaires dans 29 pays – Opposée au don direct, préfère accompagner les personnes défavorisées en les réinsérant.

5 – Care international
13 rue Georges Auric • 75019 Paris – Tél. : 01 53 19 89 89 – site : www.carefrance.org
Dès 46 – Les Européens installés aux USA aident le Vieux Continent – Une des trois plus importantes ONG mondiales – 12 000 salariés en France – 130 000 membres.

6 – Comité catholique contre la faim et pour développement
4 rue jean Lantier • 75001 Paris – Tél. : 01 44 82 80 00 – site : www.ccfd.asso.fr
Fondée en 1961 par les évêques de France – Présente dans 80 pays – Lutte contre la faim et milite pour l'annulation des dettes des pays pauvres – 180 salariés et 15 000 bénévoles.

7 – Comité international Croix-Rouge
19 av. Paix • CH 1202 Genève – Tél. : 00 41 22 734 60 01 – site : www.icrc.org
Fondée en 1863 par Henry Dunant – Apporte protection et assistance humanitaire aux victimes de guerre et conflits – Statut particulier de personnalité juridique internationale – Reconnaissance de neutralité et droit d'intervention dans tous conflits – 12 000 salariés – 800 au siège à Genève – 1 200 expatriés, 9 000 collaborateurs actifs dans 80 pays.

8 – Fondation de France
40 av. Hoche • 75008 Paris – Tél. : 01 44 21 31 00 – site : www.fdf.org
Fondée en 1969 pour favoriser le mécénat avec insertion sociale, recherche médicale, scientifique, etc. – 543 fondations – Aide les personnes en difficulté pas ou peu prises en charge par la collectivité – Vient de lancer les prix "unir pour agir" récompensant actions innovantes associant des personnes en difficulté à un projet – 129 salariés – 459 bénévoles.

9 – Handicap international

14 av. Berthelot • 69361 Lyon Cedex 07 (Tél. : 04 78 69 79 79) – site : www.handicap-international.org

Créée en 1982 en Thaïlande par deux médecins français – Opère dans 55 pays notamment pour mines antipersonnel, soigner les handicapés et assurer leur rééducation – 173 salariés et 1 800 salariés locaux – A reçu le prix Nobel de la paix en 1997.

10 – Médecins sans frontières

8 rue Saint-Sabin • 75011 Paris – Tél. : 01 40 21 29 29

site : www.msf.fr

A décidé de suspendre la collecte de fonds pour l'Asie, ses actions étant financées (rattachée à la Croix-Rouge)

Fondée en 1971 – Prix Nobel de la paix en 1999 – 18 sections étrangères – 120 salariés en France – 6 000 volontaires sur le terrain.

11 – Médecins du monde

62 rue Marcadet • 75018 Paris – Tél. : 01 44 92 15 15 – site : www.medecinsdumonde.org

Créée en 1980 par Bernard Kouchner et autres dissidents de MSF – Soutien et actions médiatiques – 78 missions dans 47 pays – 248 salariés en France – 1410 bénévoles.

12 – Œuvres hospitalières françaises de l'Ordre de Malte

92 rue du Ranelagh • 75016 Paris – Tél. : 01 45 20 80 20 – site : www.ordredemaltefrance.org

Reconnue par 89 États avec relations diplomatiques – Gère des hôpitaux, intervient sur catastrophes et conflits – 10 000 salariés (principalement personnel médical) – 11 000 membres, 80 000 bénévoles – Distribue médicaments et vêtements – Présente dans 110 pays – Inde, Sri Lanka.

13 – Pharmaciens sans frontières
4 voie militaire des Gravanches • 63100 Clermont-Ferrand – site : www.psfci.org
Créée en 85 par des pharmaciens clermontois – 10 à 30 millions d'euros de budgets – 50 expatriés – 300 employés locaux – 20 opérations par an financées à 80 % par des organisations institutionnelles.

14 – Pompiers sans frontières
Hôtel-dieu • 13224 Marseille
site : www.pompiers-sans-frontières.org
Née en 1991 en France, a fait des émules au Mexique, Italie, Turquie, Pérou – Développe des systèmes de sécurité civile – 5 salariés – 200 pompiers volontaires.

15 – Save the children
Rue Montoyer 39 • 1 000 Bruxelles – Belgique
Tél. : 00 322 512 78 51
site : www.savethechildren.net/alliance-fr
Créée en 1919 – Regroupe 27 organisations à travers le monde pour 115 pays.

16 – Secours catholique – Caritas France
106 rue du Bac • 75007 Paris – Tél. : 01 45 49 73 00 – site : www.secours-catholique.asso.fr
Fondée en 1946 – 934 salariés – 67 000 bénévoles – Réseau de 162 Caritas dans 198 pays – 500 opérations internationales par an.

17 – Secours islamique
58 bd Ornano • 93285 Saint-Denis Cedex – Tél. : 01 49 17 17 17 – site : www.secours-islamique.org
Créée en 1984 en Angleterre, par deux étudiants en médecine au retour d'un séminaire au Soudan frappé par la famine – Décoré par la reine – Répond aux situations d'urgence – 27 bureaux à l'étranger dont US – 1 000 salariés.

18 – Secours populaire français
9-11 rue Froissard • 75140 Paris Cedex 03 – Tél. : 01 44 78 21 00 – site : www.secourspopulaire.asso.fr
Existe depuis 1924 – Lutte contre exclusion, précarité en France et dans le monde – Présente dans 50 pays – 350 salariés en France et 72 000 bénévoles – Offre chaque année des vacances à 50 000 enfants.

19 – SOS villages d'enfants
BP 515 • 75009 Paris – site : www.sosve.org
Née en 1949 – Pour que frères et sœurs partagent la même enfance – Premier village en Autriche – 131 pays, 55 000 orphelins dans 450 villages et 650 000 dans des écoles – 45 villages suite au Tsunami et 10 000 enfants – Opération "SOS orphelins d'Asie".

20 – Unicef – Fonds des nations unies pour l'enfance
3 rue Dugay-Trouin • 75006 Paris – Tél. : 01 44 39 77 77 – site : www.unicef.fr
Il ne s'agit pas d'une ONG mais d'une agence intergouvernementale des Nations unies fondée en 1946 – Santé, éducation, protection – 8 300 salariés dont 1 938 expatriés – Démobilisation des enfants soldats, vaccination polio pour 80 millions d'enfants dans 23 pays d'Afrique subsaharienne – Taux de mortalité réduit de 11 %.

SITES INTERNET POUR S'AIDER EN CAS DE PROBLÈMES

www.inpes.sante.fr
www.drogues.gouv.fr (Répertoire des structures spécialisées – base de données nationales)
www.ors-idf.org (Guide des lieux d'accueil et soins en Île-de-France : drogues, alcool, tabac)
www.suicideinfo.org

POUR ÊTRE ACCOMPAGNÉ

AFTCC – Association française de thérapie comportementale et cognitive – www.aftcc.org

CEDAT – 122 Bd Carnot • 78200 Mantes-la-Jolie
Tél. : 01 30 63 77 90

Centre d'addictologie – Hôpital Paul-Brousse • 94804 Villejuif
Tél. : 01 45 59 69 78

Centre Émergence – Institut Montsouris • 75014 Paris
Tél. : 01 56 61 62 63

Centre Monte-Cristo – H. G. Pompidou • 75015 Paris
Tél. : 01 56 09 26 91

Clinique Montevideo • 92 Boulogne Billancourt
Tél. : 01 42 22 98 88

Consultation Cannabis – H. Lariboisière • 75010 Paris
Tél. : 01 49 95 65 65

Croix-rouge écoute – Tél. : 01 44 43 13 33
et 0 800 858 858 (gratuit)

DATIS (Drogues alcool tabac info service) : 113

Écoute Cannabis :
Tél. : 0811 91 20 20 – Tous les jours de 8 heures à 20 heures

Association Le Phare – 133, bd de la Croix Rousse
69317 Lyon Cedex 04 – e-mail : lephare@69@libertysurf.fr
Tél. : 04 78 28 26 62

La Porte Ouverte – 7 jours sur 7, de 14 à 21 heures
Tél. : 01 48 74 69 11

Service de psychopathologie de l'adolescent – Hôpital Robert-Debré • 75019 Paris – Tél. : 40 03 22 92

SOS amitié – Tél. : 0820 066 066

SOS drogue police – Tél. : 0 800 142 152

SOS suicide 24 heures sur 24 – Tél. : 01 40 50 34 34

Suicide écoute – Tél. : 01 40 47 95 95

Association suicide écoute – 5 rue du Moulin Vert • Paris 14
Tél. : 01 45 39 40 00
e-mail : Sos-suicide-phenix-paris@wanadoo.fr
Paris 14 – Tél. : 01 45 42 45 88
SOS dépression – Tél. : 01 40 47 95 95
Union nationale de la prévention du suicide
Tél. : 01 40 20 43 34

HÔPITAL SAINTE-ANNE

Clinique des maladies mentales de l'encéphale – 100 rue de la santé • 75674 Paris Cedex 14 – Tél. : 01 45 89 21 61 – Centre d'étude de l'expression : thérapies à médiation artistique – 30 ateliers hebdomadaires

Fédération Nationale des associations d'ex-patients en psychiatrie – 3 rue Evariste Galois • Paris 20e – Tél. : 01 43 64 85 42 – site : www.fnappsy.org

Unafam – Vivre avec un malade psychique – 6 rue Corot • Paris 16e – Tél. : 01 42 63 03 03 – Permanences le mercredi 14 à 17 heures – Mediagora (phobies, anxiété)

TCC – Centres de thérapie comportementale et cognitive – Exemple : service hospitalo-universitaire, hôpital Sainte-Anne • 75014 Paris – Tél. : 01 45 65 81 54

Neveux de Rameau (familles d'usagers) –
Jeudi de 14 à 17 heures – Tél. : 01 45 65 74 79

Conclusion

Depuis des années, je cultive une hygiène de vie que j'ambitionne de transmettre. Les personnes que la vie m'a fait le cadeau de rencontrer m'ont permis de constater que, sans un minimum de culture spirituelle, on chemine sur une route-labyrinthe où l'on s'épuise.

La première priorité est de respirer profondément afin de parvenir à respirer voluptueusement, sans forcer, comme pour un jeu qui nous permet d'être vraiment dans notre corps. C'est associer corps et esprit pour favoriser une circulation harmonieuse des énergies, s'alléger des tensions nerveuses, s'aérer la tête avant de s'élever.

Le mot latin pour souffle, *spiritus*, dont la racine est *spir*, signifie souffle, spiritualité, inspiration. Sans le souffle, sans l'inspiration consciente physique et psychique, l'homme s'essouffle.

Notre vie vient du souffle.

« Prier ce n'est pas penser à Dieu, c'est respirer avec lui. » (Jean-Yves Leloup)

Inspirez voluptueusement les énergies cosmiques qui vous entourent et, peu à peu, ressentez que l'infini est en vous...

Souvent, je suggère : « Inspirez le vent frais, léger, par tous les pores de la peau, inspirez la paix, expirez l'agitation, inspirez l'espérance. L'éternité est en nous, ici et maintenant. »

Bachelard dit dans *L'air et les songes* : « L'air est la matière de notre liberté. Soyons aériens. »

Hygiène alimentaire, corporelle et intellectuelle sont liées, mais sont-elles suffisantes ? L'homme moderne est un homme seul, socialement et psychologiquement, or la solitude ne convient qu'aux êtres forts. Comment se fortifier, se tonifier ?

La seconde priorité est de rechercher la chaleur humaine de personnes prêtes à nous apprécier. Combien de personnes demandent “tout” ou trop à un éventuel compagnon. Les relations deviennent difficiles et obligent parfois à passer par l'Internet.

Comme je suggère souvent à de brillants jeunes cadres déstabilisés émotionnellement : « Arrête d'analyser. Lâche la poursuite du bonheur immédiat. Ouvre-toi à quelqu'un prêt à t'apporter le bien le plus précieux, la chaleur humaine. La chaleur humaine de l'autre, une belle ambition Ne cherche pas ton clone. Accepte que le bonheur entre par la petite porte. »

Chaque semaine, on m'annonce le cas de jeunes, comme dernièrement, l'un d'eux, 33 ans, qui a mis fin à ses jours. Trop isolé, trop fragile face aux conflits de la vie.

Pour John Gottman, professeur de psychologie à l'université de Washington : « Pas de relation affective durable sans conflit. L'absence de conflit exclut toute véritable relation. »

Le défi d'affronter les conflits extérieurs et intérieurs. Comment s'armer ?

Conclusion

En Occident, l'homme extérieur, jamais rassasié, étouffe en lui l'homme intérieur dont il a perdu l'usage. Tout concourt dans la société moderne à réduire l'homme à un produit de consommation. Il consomme et est consommé. Certains se réfugient dans l'intellect, d'autres cherchent des échappatoires jusqu'aux drogues douces ou dures.

Depuis des temps immémoriaux, l'homme utilisait des plantes pour s'affranchir de l'insatisfaction de la condition humaine – *Oshadhi*, Yoga-Sutra IV-1 – environ deux siècles av. J.-C.

« La drogue masque la difficulté de trouver dans la société et la culture de quoi nourrir sa vie intérieure. » (Père Tony Anatrella, psychanalyste.)

L'homme, un être de désir partagé entre ses innombrables inclinaisons et aversions. Sans renoncer au désir, comment échapper à ses excès de violence ? Les États-Unis semblent s'inquiéter du risque de suicide lié à la prise de certains antidépresseurs. Celui qui court à l'euphorie chimique veut se libérer des limites imposées par le carcan socioculturel

Dépression et suicide montrent notre incapacité à renaître vis-à-vis de nous-même, de nos enfants, de nos parents, et de notre couple, comme le soutient Serge Hefez, psychiatre, responsable de thérapie familiale à l'hôpital de la Pitié-Salpêtrière.

Citons le pape de la bioénergie, Lowen : « Le déprimé est quelqu'un qui a perdu son corps. »

Le corps, lieu où commencer à s'élever. S'élever par le ressenti, en goûtant à un art spirituel : danse, chant, peinture... sans interposer une théologie ou une rationalisation métaphysique. Par l'art, l'univers peut pénétrer le corps, permettant d'arriver à une sorte de physiologie mystique. Exister, c'est aussi affiner ses sens par des exercices sensoriels. Dépayser ses sens vers de nouvelles saveurs.

Kandinsky, peintre d'abstraction lyrique, en vantait l'intérêt dès 1911 : « Le monde est rempli de résonances au-delà de la réalité matérielle. »

Écouter et sentir les vibrations du chant, de la danse ou d'un dessin sur lesquels se recentrer. Les premiers pas vers le sacré sont là. Premiers pas à notre portée pour réenchanter notre univers.

« Je sens donc je suis. » (David Le Breton, sociologue, anthropologue.)

Sublimer la vie quotidienne en s'élevant, par un art, pour voir de haut les agitations d'en bas.

En médecine indienne ayurvédique, on prend d'abord en compte le corps de la félicité, puis le corps de la connaissance ; viennent ensuite le corps mental, le corps de l'énergie et le corps charnel. Dans cet ordre. Les médecins ayurvédiques étudient les fonctions physiologiques et mentales sachant que le but ultime de l'Ayurveda est la réalisation spirituelle.

Un de mes rêves serait que le patrimoine spirituel de l'humanité fasse partie de l'éducation scolaire. Une éducation au sein de l'enseignement.

De la même façon qu'a été mise en place, fin 2006, une université gratuite du goût – dans l'Orne, à Argentan, sans âge ni niveau requis, où l'on vient apprendre à manger et à cuisiner vite et bien –, j'adorerais que soit créée selon les mêmes critères une université populaire de la spiritualité.

En Occident, de brillants universitaires communiquent sur ce sujet, mais dans un langage qui passe au-dessus de la compréhension de la majorité.

Sans avoir l'ambition d'un Paulo Coelho qui propose de devenir un « guerrier de Lumière », ou d'un Trinh Xuan Thuan pour qui « la lumière est ma compagne », quand des idées sombres m'assaillent, je visualise la lueur d'une bougie dans mon cœur pour le réchauffer et, d'un poudroiement de lumière sur le front, ma respiration s'apaise.

De la même façon qu'il y a des thérapies cognitives comportementales, si on envisageait de promouvoir des thérapies spirituelles ?

La route de l'univers est une route d'aventures, un « jeu d'illusions cosmiques » selon l'astrophysicien Trinh Xuan Thuan considérant que le big-bang est une théorie qui pourrait, peut-être un jour, être expédiée au cimetière : « Le savoir scientifique ne nous dit pas comment alléger nos souffrances et celles d'autrui. Le mur que notre esprit a construit entre "moi" et "autrui" est illusoire. Tout est interdépendant, développons la compassion » conclut-il.

Et si le XXIe siècle devenait celui de la compassion ? Quand quelqu'un me contrarie, je me dis : « Merci, voici un exercice de compassion. » Je conseille à mes élèves de faire de même pour éviter de gaspiller leur énergie pour une personne qui raisonne... peut-être hors des clous. C'est pratiquer la compréhension compatissante en commençant vis-à-vis de soi-même. Aucune expérience spirituelle ne peut se faire sans disponibilité bienveillante. C'est pourquoi je réfute le parti pris de Michel Onfray : « Les chrétiens sont plus doués pour le ressentiment et la haine que pour l'amour du prochain. »

Partir sur ce type de raisonnement, ça mène où ? Pour certains à se débaptiser comme l'on fait plusieurs milliers d'Italiens ces dernières années, pour d'autres à s'évader vers les planètes virtuelles d'un monde type *Second Life*, dernier engouement sur Internet.

« L'absence de lutte affaiblit l'âme. Lorsque tu as surmonté de graves problèmes relationnels, ne t'arrête pas aux souvenirs pénibles, mais à la joie d'avoir traversé cette épreuve. » (Paulo Coelho)

Mes deux souhaits : voir un jour les scientifiques mesurer notre QS (Quotient spirituel) comme partie prenante de notre équilibre. Le second c'est qu'en classe soient mis au programme des textes spirituels œcuméniques en cours d'histoire au lieu de se limiter à l'étude de toutes les guerres passées. Avec un langage clair, simple, et neutre.

Et si chacun, sur son bureau ou sur sa table de nuit, posait un galet récupéré sur une plage, empreint d'océan et de vent, et écrivait dessus en blanc le mot : paix ou sérénité ou lumière ou compassion. Et, chaque jour, jouer avec, pour que s'imprime peu à peu, par la légèreté, dans l'intimité du corps, une façon pour les uns de s'ensoleiller toute l'année, et pour d'autres de s'ouvrir à de nouvelles énergies ou encore de planer "autrement".

Je vous invite à créer votre programme-dégustation, en commençant par de petits exercices corporels puis, à vous essayer à un art spirituel afin de vous rapprocher peut-être un jour d'un lieu de culte pour goûter entouré de chaleur humaine, des énergies de joie.

Bibliographie

M. Aguéev, *Roman avec cocaïne*, éd. Belfond, 1983.
Père Tony Anatrella (psychanalyste), *La liberté détruite*, éd. Flammarion, 2000.
Anne Ancelin Schützenberger, *Ces enfants malades de leurs parents*, éd. Payot, 2005.
Christophe André, *Psychologie de la peur*, éd. Odile Jacob, 2005.
Louis Aragon, *La défense de l'infini*, éd. Gallimard, 1986.
Atreya, *La psychologie de la transformation en yoga – Sri Poonjaji*, éd. Turiya.
Audouze, Cassé, Carrière, *Conversations sur l'invisible*, éd. Plon/Pocket, 1996.
Sri Aurobindo, *Métaphysique et psychologie*, éd. Albin Michel, 1976.
Sri Aurobindo, *La synthèse des yogas*, éd. Buchet/Chastel, 1977.
Jacob Baal-Teshuva, *Chagall*, éd. Taschen, 1998.
Philippe Baraqué, *À la source du chant sacré*, éd. Diamantel, 1999.
Muriel Barbery, *L'élégance du hérisson*, éd. Gallimard, 2006.
Dawn Baumann Brunke, *Perles de sagesse du peuple animal*, éd. Ariane, 2004.
Henri Bergson, *L'énergie spirituelle*, éd. Puf/quadrige, 1919.
Georges Bernanos, *Sous le soleil de Satan*, Poche, 1926.
Berthoz, Jorland, *L'empathie*, éd. Odile Jacob.
Lisa Bevere, *Au secours, je vais exploser, guide de survie pour coléreux chroniques*, éd. Ministères multilingues, 2001.
Noa Blass, *Gongs et chakras*, NB, 1997.
John Blofeld, *Le yoga de la compassion*, « spiritualités » éd. Albin Michel, 1977.
John Blofeld, *Les mantras ou la puissance des mots sacrés*, Dervy, 1977.
Marie-Nicole Boiteau, *Découvrir l'Esprit-Saint qui donne la vie*, éd. CERP, 1997.
Bossuet, *Sur les anges gardiens*, éd. Rivage poche, 2005.
Louise Boudonnat et Kushizaki, *La voie de l'encens*, éd. Esteban, 2000.
Bouillier et Tarabout, *Images du corps dans le monde hindou*, CNRS éd. 2002.
Lise Bourbeau, *Les 5 blessures qui empêchent d'être soi-même*, éd. ETC, 1996.
Michel-Robert Bous, *La musique de l'esprit*, éd. Cerf, 1998.
Hesna Cailliau, *L'esprit des religions*, éd. Milan, 2003.

Paul Carus, *L'évangile de Bouddha*, éd. Aquarius, 1992.
Cesoni, Kaminski, *Déviance et société, les drogues au travail*, éd. Médecine et Hygiène, 2003.
Père Pierre Ceyrac, *Mes racines sont dans le ciel*, Presses de la Renaissance, 2004.
Anjan Chakraverty, *Mandalas et thankas,* Guy Trédaniel éditeur, 1998.
Patrick Chauvet, *Puisque l'esprit est notre vie*, Parole et Silence, 1998.
Sri Chinmoy, *L'éveil spirituel du monde*, Magnard, 1999.
Chungliand Al Huang, *Tai ji danse du tao*, Guy Trédaniel éditeur, 1986.
Hélène Cixous, *Portrait du soleil*, éd. Des femmes, 1998.
Thomas Cleary, *Les secrets de la méditation*, Pocket, 2002.
Maurice Cocagnac, *L'expérience du mantra*, éd. Albin Michel 1997.
Paulo Coelho, *Manuel du guerrier de la lumière*, éd. Poche, Anne Carrière, 1998.
Paulo Coelho, *Comme le fleuve qui coule*, éd. Flammarion 2006.
Andrew Cohen, *Embrasser le ciel et la terre*, éd. Le Relié 2002.
Dr Rüdiger Dahlke, *Mandalas - retrouver le divin en Soi*, éd. Dangles, 1985.
Quentin Debray et Daniel Nollet, *Les personnalités pathologiques*, éd. Masson, 1997.
Régis Debray, *Le plan Vermeil*, éd. Gallimard, 2005.
Olivea Dewahurst-Maddock, *Thérapie par les sons*, éd. Courrier du Livre, 1995.
Patrick Drouot, *Guérison spirituelle et immortalité*, Pocket, 1993.
Julian Durlacher, *Cocaïne*, éd. du lézard, 2001.
Donald Dutton, *De la violence dans le couple*, éd. Bayard, 1996.
Alain Ehrenberg, *La fatigue d'être soi*, éd. Poche O. Jacob, 1998.
Jacques Ellul, *La foi au prix du doute*, éd. La Table Ronde, 2006.
Antonio Escohotado, *Histoire élémentaire des drogues*, éd. du Lézard, 1998.
Roger Faligot, *Les seigneurs de la paix*, Seuil, 2006.
Pierre Fédida, *Des bienfaits de la dépression*, Odile Jacob Poches, 2005.
Fédération nationale des enseignants de yoga – collectif, *Passages, seuils, mutations*, Dervy, 1996.
David Felten et Jözefowicz, *Netter'atlas of human neuroscience*, Icon Learning system, 2004.
Susanne F. Fincher, *La voie du mandala*, éd. Dangles, 1993.
James D. Fix, *Neuro-anatomie*, éd. De Boeck, 3e édition, 2006.
Dr Emmet Fox, *Changez votre vie*, éd. Astra, 2002.
Louis Frederic, *Dieux du bouddhisme, guide iconographique*, éd. Flammarion, 2001.
Philippe Gagnebin, *Le don de l'esprit*, éd. Saint-Augustin, 2000.

Bibliographie

Ambroise Gardeil, *Le rôle du Saint-Esprit dans l'âme*, éd. Laurier 1997.

Bernie Glassman, *L'art de la Paix*, éd. Albin Michel, 2000.

André Glucksmann, *Le discours de la haine*, éd. Plon 2004.

Antonio Gnoli et Franco Volpi, *LSD entretiens avec Albert Hofmann*, éd. Rivages, 2006.

André Gounelle, *Penser la foi*, Van Dieren éditeur, 2006.

Roland Habersetzer, *Chi-Kung, la maîtrise de l'énergie interne*, éd. Amphora, 1990.

Thich Nhat Hanh, *La respiration essentielle*, éd. Albin Michel spiritualités vivantes, 1998.

Serge Hefez, *La danse du couple*, éd. Hachette littératures, 2002.

Professeur Raymond Houdart, *Le système nerveux de l'homme*, éd. Mercure de France, 1990.

Alain Houziaux (collectif), *Les écrivains face à Dieu*, éd. In Press, 2003.

Alain Houziaux, *Le renouveau religieux*, éd. In Press, 2002.

Alain Houziaux, *Le tohu-bohu, le serpent, le bon Dieu*, éd. Presses de la Renaissance, 1997.

Hua Hu Chang, *La véritable astrologie chinoise*, éd. Quebecor, 2e édition, 2005.

Shafique Keshavjee, *Le roi, le sage et le bouffon*, éd. Seuil, 2004.

Dr Tran Ky et Dr François Drouard, *Nos drogues quotidiennes*, éd. Sang de la Terre, 2004.

John Le Carré, *Une amitié absolue*, éd. Seuil, 2004.

Frédéric Lenoir, *Les métamorphoses de Dieu – nouvelle spiritualité occidentale*, éd. Plon, 2003.

Clara Lévy, *Comprendre les pratiques religieuses des juifs, chrétiens, musulmans*, éd. Renaissance 2003.

Martin Luther, Mémoires, éd. Mercure de France, 1974, 1990.

Moïse Maïmonide, *Le guide des égarés et traité des huit chapitres*, éd. Verdier 1979 et 2004.

Frédéric Manns, *Les racines juives du christianisme*, éd. Presses de la Renaissance, 2006.

Ysé Tardan, Masquelier, *L'esprit du yoga*, éd. Albin Michel, 2005.

Ysé Masquelier, *Spiritualités au carrefour du monde moderne*, éd. Bayard, 1994.

Françoise Mazet, *Yoga-sutra de Patanjali*, « Spiritualités vivantes » éd. Albin Michel, 1991.

Mathieu-Stéphane Guillerme, *La couleur des Dieux*, 2005.

Henri Michaux, *Un barbare en Asie*, Gallimard, 1933 et 1997.

Fabrice Midal, *Lumières au pays des neiges*, éd. Pocket, 2001.

Martine Millet, *L'art de conter la Bible*, éd. Empreinte, 2006.

Jean Mouttapa, *Religions en dialogue*, éd. Albin Michel, 1996, 2002.

Jean Mouttapa, *Daniel Pons, le chant d'un homme présent*, éd. La Table Ronde, 1990.

Henri Nouwen, *Chemin de passion, chemins du monde*, éd. Bayard 2006.

Djigmé Tenpai Nyima, *Le goût unique du bonheur et de la souffrance*, éd. Padmakara, 1990.
Osty et Trinquet, *Le Nouveau Testament*, éd. Siloé, 1974.
Jacques Ouaknin, *Corps-âme-esprit pour un juif*, Mercure Dauphinois, 2004.
Marc-Alain Ouaknin, *Lire aux éclats*, Quai Voltaire/Seuil 1994.
Marc-Alain Ouaknin, *Le livre brûlé*, Seuil sagesse 1994.
Dr Jérôme Palazzolo, *Au-delà des maux*, éd. Ellébóre, 2003.
Damien Panerai, *Le haschich de Rabelais à Jarry*, Librio, 2003.
Jean Papin, *La voie du Yoga*, éd. Dervy-livres, 1984.
Jacques Philippe, *La liberté intérieure*, éd. Béatitudes, 2002.
Bernard Plasait, *Cannabis, scandaleuses complaisances*, éd. françois-Xavier de Guibert, 2004.
Rosette Poletti/Barbara Dobbs, *La compassion pour seul bagage*, éd. Jouvence, 2004.
Daniel Pons, *Le fou et le créateur*, éd. Albin Michel, poche n° 83, 1990.
Jacqueline de Romilly, *Sur les chemins de Sainte-Victoire*, Julliard, 1987.
Professeur Marcel Rufo, *Frères et sœurs, une maladie d'amour*, Livre de Poche, 2003.
Alexandre Safran, *Éthique juive et modernité*, éd. Albin Michel, 1998.
Mario Sanchez, *Dans l'intimité des drogues*, éd. Autrement, 2003.
Satprem, *Le mental des cellules*, éd. Robert Laffont, 1981.
Anna Schmidt, *Le Troisième Testament*, éd. du Rocher, 2004.
Bernard Senécal, *Jésus à la rencontre de Bouddha*, éd. Cerf, 1998.
Jean-Claude Serre, *Danse-thérapie*, éd. Recherche en danse, 1995.
Annick de Souzenelle/Jean Mouttapa, *La parole au cœur du corps*, éd. Albin Michel, 1993.
James Stuart, *Le bénédictin et le grand éveil*, éd. Salen/Maisonneuve, 1998.
Florence Taubmann, *Une incroyable prière, lamentations de Jérémie*, éd. Olivétan, 2006.
Trinh Xuan Thuan, *Origines*, « Folio Essais » Gallimard, 2003.
Trinh Xuan Thuan, *Voies de lumière*, éd. Fayard, 2007.
Vincent-Paul Toccoli, *Marc Chagall la Bible rêvée*, éd. NGM Publishers, 2002.
Chögyam Trungpa, *Mandala, un chaos ordonné*, éd. Seuil, « Point Sagesses », 1994.
Giuseppe Tucci, *Théorie et pratique du mandala*, éd. Fayard, 1974.
Geoffroy de Turckheim, *Comprendre le protestantisme*, éd. Eyrolles pratique.
Henri Vincenot, *Les étoiles de Compostelle*, Folio, 1987.
Joël Weiss, *Ces enfants qui se suicident*, éd. Garancière, 1986.
John Welwood, *Pour une psychologie de l'éveil*, éd. La Table Ronde, 2003.
David Yonggi Cho, *Le Saint-Esprit, mon associé*, éd. Vida, 1993.

Table des matières

Illustrations de Françoise Colombo

DÉGUSTER LA JOIE • ISBN 978-2-86898-923-9

Dépôt légal : quatrième trimestre 2007 • Numéro d'édition : 86898

IMPRIMÉ EN FRANCE

Imprimé par Grapho 12
12200 Villefranche de Rouergue
N° impression 100182

En collaboration avec AGM
48, chemin du Bas des Vignes - 85770 VIX

TWAPI MOA
Un lien entre les êtres

• CONCEPTION • GRAPHISME • RÉALISATION •

Maquette et mise en page : Delphine Brossard (**contact@twapimoa.com**)